はじめに

50歳でも、今から準備すれば生涯現役で活躍できる！

筆者は１９４５年生まれ。石油工学系の全寮制学校を卒業後、これまで、ガソリンスタンド、工業数学セミナーも主催する工業数学図書通信販売会社、スイス系輸入商社、商工会議所、スーパー、信用金庫の仕事に携わり、現在は福祉機器製造販売会社に勤務しています。本稿執筆時点で78歳。50歳のときから楽しみながら「陽明学」に取り組んで28年になります。

陽明学と聞くと、何となく「強者の理論」というように受け止めて、腰が引ける方もいらっしゃるかと思います。中国の古い教え＝「堅い生き方」「文言に熟語が多くて難しい」「内容が理屈っぽくて分かりにくい」といったイメージがあるのではないでしょうか。かくいう筆者も、陽明学を読むつどに「硬い文章で難しいなぁ」と思っています。

そのため、陽明学は女性向けではないと思われる方がいるかもしれませんが、その教えには男女の区別は全くありません。本書では、陽明学をより多くの方に理解していただくために、大切と思われる教えを13の項目として抽出しました。女性のみなさんも、「人間力」を磨くためにぜひ一緒に学びましょう。

現在、女性の活躍がますます期待されています。日本の人口は男女比で見れば女性が51%と社会の半分を担っているので、その感性を生かすことは社会にとってとても有益です。しかし、例えば介護現場では女性の就労率が圧倒的に高いにもかかわらず、介護機器などの開発および営業では男性が多いのが実情です。一般の会社でも女性管理職の登用はまだまだ少ないという現実がありますが、これからは、どの分野においても、今よりもっと女性の活躍する場が増えるでしょう。

ちなみに、本書の編集を担当されているのは女性の取締役です。制作の途中、私の体調面にトラブルがありましたが、細やかな気配りをしていただき、安心して執筆に取り組むことができました。また現在、私が月4〜7日勤めている福祉機器製造販売会社の社長も女性で、課長時代に伊與田《いよた》覚《さとる》先生の『大学』の素読を一緒にしました。現在は、部下にてきぱきと指示を出されて、会社の業績も上向いています。

明の王陽明が唱えた陽明学は、孔子の教えを起源とした儒学の考えの一派です。日本でも山田方谷《ほうこく》や西郷隆盛、京セラ創業者の故稲盛和夫氏など多くの政治家や経営者が生き方の指南書としてきた学問です。時代を超えて社会に求められ、思考や習慣、心の在り方、ひいては人間力について説いています。私は、デジタル全盛の現代だからこそ、この超アナログな思考と習慣による陽明学こそが肝だと考えています。陽明学について、詳しくは序章あるいは各章の冒頭で解説します。

本書では陽明学の中から、読者のみなさんにすぐに役に立つ教えを各章の見出しに据えて解説していきます。本書の特徴は次の3つです。

(1) 筆者は長年にわたり陽明学の教えに取り組んでいますが、この教えは、ビジネスの現場で問われる「人間力」を鍛えることに適しているのを肌で感じています。本書では、ビジネス現場に生かす陽明学を主体にしてお伝えします。

(2) 冒頭にも書きましたが、「ちょっと難しい」「敷居が高い」と思われがちな陽明学を身近なものに感じていただけるように、自分の心に問いかけ、ひらめきを感じたことを実践して、「成果が出る楽しさ」をお伝えします。

(3)第3章では「仕事でつまずきかけて受け身になり、メンタルケアが必要な方」へのアドバイスを記しました。強者のイメージのある陽明学では取り上げにくい項目ですが、陽明学の基本の考えの一つに「万物一体《ばんぶついったい》の仁《じん》」があります。これは、草木・禽獣《きんじゅう》・人間を丸ごと受け入れて分け隔てのない世界を作る、というものです。あの人この人、まして男女の区別はなく、それぞれが尊重されリスペクトされる対象となり、受け入れられるという考えです。そこには共栄の精神があり、二者択一を迫るという分断をあおるような対立の構図はありません。

また、人生のつまずきの要因にもなる「降格人事」への対処も考察しています。陽明学の書籍でメンタルケアに紙幅を割く企画はまれだと思いますので、ぜひ参考にしてください。

私は50歳の時、自分が78歳まで働けるなどとは考えてもいませんでした。若い人に交じって現在も仕事を続けています。今では、案外79歳までやれそうだと感じています（笑）。自分がやっているから言えるのですが、今50歳前後の方であれば、これから30年以上社会の役に立ち、さまざまな人に喜んでもらって給料までいただけるチャンスがあるのです。セカンドライフの準備をする甲斐は十分にあります。リタイアして不要な物を整理するのもスッキリしていいかもしれませんが、現役を続けることで新たな出会いもあり、刺激のある時間を過ごすことができます。楽しんで準備に取り組んでほしいと思います。

ビジネスの場に身を置くあなたをサポートする格好の書物になることを願い、渾身の力を込めて本書を書き上げました。ご紹介する陽明学をもとにした内容を実践すれば、ビジネスに私生活に、良い効果が出ます。ぜひ、あなたの人生に女神を呼び込み、発展させてください！

徳丸　登

もくじ

第2章　心も体も元気になる「知行合一」
――知ること＝行動すること

第4章 顧客や同僚を思う心で「善事即行、即時改善」
——相手のためによいと思ったことはすぐに実践する

第5章 決定や判断は「無私の心」で
——自分の感情を交えず、誰もが働きやすい職場づくりに貢献する

第6章 「事上磨錬」で心を高みへ
——与えられた環境を受け入れ、定年を過ぎても成長を続けるために

第7章 「抜本塞源」で現状を打開する
——目の前の課題に集中することで、70歳以降も実力を磨き続ける

第8章 DNAに刻まれている営みを元にした「致良知」
——心の中の聖人と向き合い、悔いのない決断を重ね、人生を動かす

序章

今こそ必要な「陽明学」の教え

陽明学の考え方は実践主義

儒学の流れのひとつである「陽明学」は、王陽明が中国の明の時代（1368-1644年。日本では室町時代のころ）に説いた教えであり、学問の一派です。陽明学という呼称は日本で明治期以降に広まったもので、それ以前は王学と呼ばれていました（林田明大著『真説「陽明学」入門』より）。

儒教は紀元前、孔子《こうし》（「論語」に書かれている考え方を説いた人）が開祖となる学問で、2000年以上も広く支持されています。儒教は、端的にいえば「どう生きるか」を含めた「修己治人《しゅうこちじん》（己を修めて人を治む）」を追究しています。儒教には、陽明学より早い時期に現れた朱子学と呼ばれる一派もあります。その中で陽明学は、「**知行合一**《ちこうごういつ》」を主眼とした実践主義の姿勢をとりました。

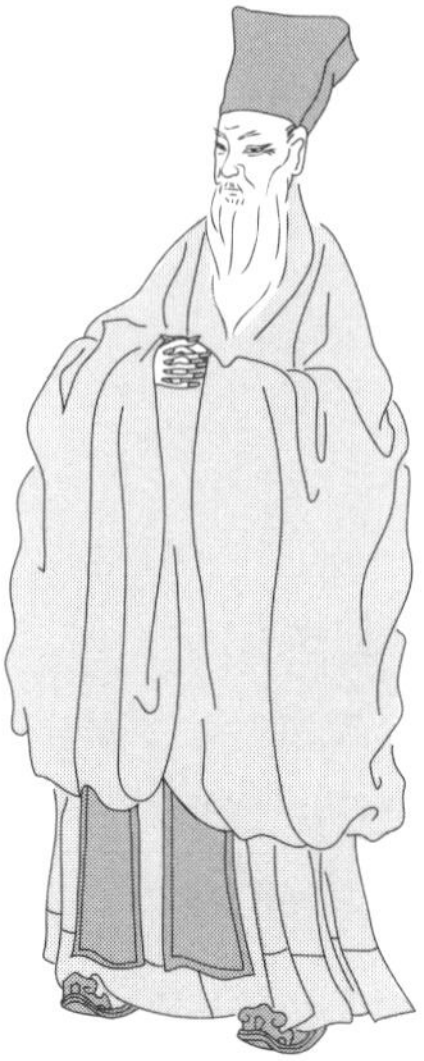
「陽明学」を説いた王陽明

陽明学の特徴ともいえる「知行合一」とは、「知ることと行うことは分けることができない」という意味です。思想と実際の行動を一致させるべきだとする主張といえるでしょう。

また陽明学では、**人として良いと思うことは「自分の心で感じるものであって、教えられて知るものではない」**と考えます。その意味では、陽明学はいたってアナログ思考です。教えてもらおうという受け身の姿勢で学んだり、頭でっかちに知識を習得したりすることから始めるのではなく、自らが主体的に考えて、行動しながら身につけていくことが大切になります。

とはいえ、陽明学を表題にした書物をいきなりひもといても、四字熟語や、中には六字熟語が出てきて苦労するという現実に突き当たります。それらの基となる書では王陽明とその弟子たちとの質疑応答を漢字で表記しているので、和訳も難しかったはずです。本書を読んで陽明学に興味をもった方は、林田明大氏の『真説「伝習録」入門』など、さらに専門的な本に挑戦してみてください。

陽明学では、「うそはつかない」「他人《ひと》が嫌がることはしない」などは、人間としてやっではいけないこととして、皆、教えてもらわずとも知っていることであり、誰でも実践できると考えられています。それは、**人としての道徳は自分の心の中にある、善悪を知っている聖人は心の中にすでに住んでいる**（24ページでご紹介する「心の中の聖人」）とされているからです。自分の心に問いかける（内省）ことで自分と向き合い、自問自答を繰り返すことで意識が高められるのです。これは他人から教わるものではありません。「自分の心を格《ただ》す」ことで自分が磨かれるのです。

そのとき、「静座《せいざ》」（心を落ち着けて静かに座ること）が有効な手段となります。静座には決まったやり方はなく、座禅や正座、あぐら、椅子に座って背筋を軽く伸ばしてゆったり座ってもかまいません（本書では便宜上それらをまとめて静座と呼びます）。大切なのは、あなたがこれから取り組む陽明学の考え方に意識を集中し、ひたすら正しい答えを求める姿勢を追求することのみです。

本書における陽明学の解釈

陽明学にはいろいろな教えがあり、それをひもといて解説している書物はたくさんあります。しかし、10のことを知るより50を知り、まだまだと思ってさらに100を知ること、つまり知識を求めていたのでは単に物知りになってしまう恐れがあり、陽明学が示す実践力や心の大切さにはたどり着けません。

机上ではなく、陽明学の教えを実践し行動することで、新しい職場で順調に仕事ができるようになった、社内社外を問わず相手が喜んでくれた、お客様がリピーターになった、などといった喜びを実感できるのです。

本書は50あるいは100の教えを知ってもらうという目的で書いてはいません。陽明学のさまざまな教えのいくつかを筆者なりに解釈し、それを基に、仕事の現場や人生に向けた課題解決の手法やヒントを具体的に記しました。

たくさんの教えを習得する前に、このあとご紹介する13項目から選んだ2つと、職場の目標1つを加えた3つの課題に日々取り組み、成果を確認してもらうことを推奨しています。

陽明学は「**行動の哲学**」ともいわれ、中には「生き方の極意」と表現する方もいます。いずれにしても、筆者も28年間、この学問の教えの1つである「善事即行」（私は「善事即行　即時改善」と解釈しています）を実践してビジネス現場では少なからず成果を得ることができ、お客様や同僚、上司に喜ばれ、その結果、家族にも恩恵がありました。

前述したとおり、最初のうちは陽明学の教えを根掘り葉掘り学ぶのではなく、次に挙げる「陽明学の教えに基づく考え方」13項目だけ理解して、自分に当てはまりそうな考え方を見つけてください。それを行動に移すと具体的な成果（相手が喜んでくれる、営業成績が良くなるなど）が上がり、陽明学のよさが理解できます。深く知るのはそのあとで十分間にあいますし、そうするほうが実践の知恵が身につきます。

陽明学の教えに基づく（徳丸流）13の考え方

1 良いと思うことをすぐする。間違ったらすぐやり直す
2 自分の好き嫌い、自分にとって損か得かで判断しない
3 うそをつかない

4 損得を考えず他人《ひと》のことを優先し、自分のことは後に回す
5 他人が嫌がることをしない
6 自分がしてほしいと思うことを、さりげなく他人にする
7 いつも相手をリスペクトする
8 誠実をモットーにする
9 気配り、目配り、心配り
10 忙しいことを理由に断らない
11 雑用、下準備、裏方は進んで引き受ける
12 人が嫌がる仕事を喜んでする
13 人事を尽くしてやり切る覚悟を持ってやり切る

この考え方を踏まえて、あなたが起こす行動を13項目から2つ選んでください。直感で構いません。それに加えて、職場でのあなたの目標を1つ決めてください。つまり、合計3つの目標に取り組むことになります。

「心の中の聖人」について

誰の心の中にも、善悪ややるべきことをすでに知っている聖人がいます。

いきなり「心の中に聖人がいる」と言われても、にわかに信じられませんし、理解できないと思います。少し理屈っぽくなりますが、陽明学の核心にふれるお話をします。

陽明学は「心の哲学」です。その基になっている考え方は「心即理《しんそくり》」です（図1）。王陽明によれば、**人間は生まれたときから心と理**（天理）**が一体となっており、天理が先にあり、心があとから加わったものではありません。**その心が曇っていなければ、理（天理：ものの道理であり「物事の正しい道筋」、大宇宙の法則）に通じるのです。よって、自分の心は天すなわち大宇宙に通ずるものを持っているので、**心の外に求めるのではなく、問いかけるのはいつも自分の心に対して**です。

誰の心の中にも、「天の理」すなわち「万物を支配している自然の道理」（新明解国語辞典より）が生まれながらに備わっています。「道理」とは、物事の正しい道であり、人間に当てはめれば、人として行うべき正しい道すじのことを指します。この「道理」が重要な

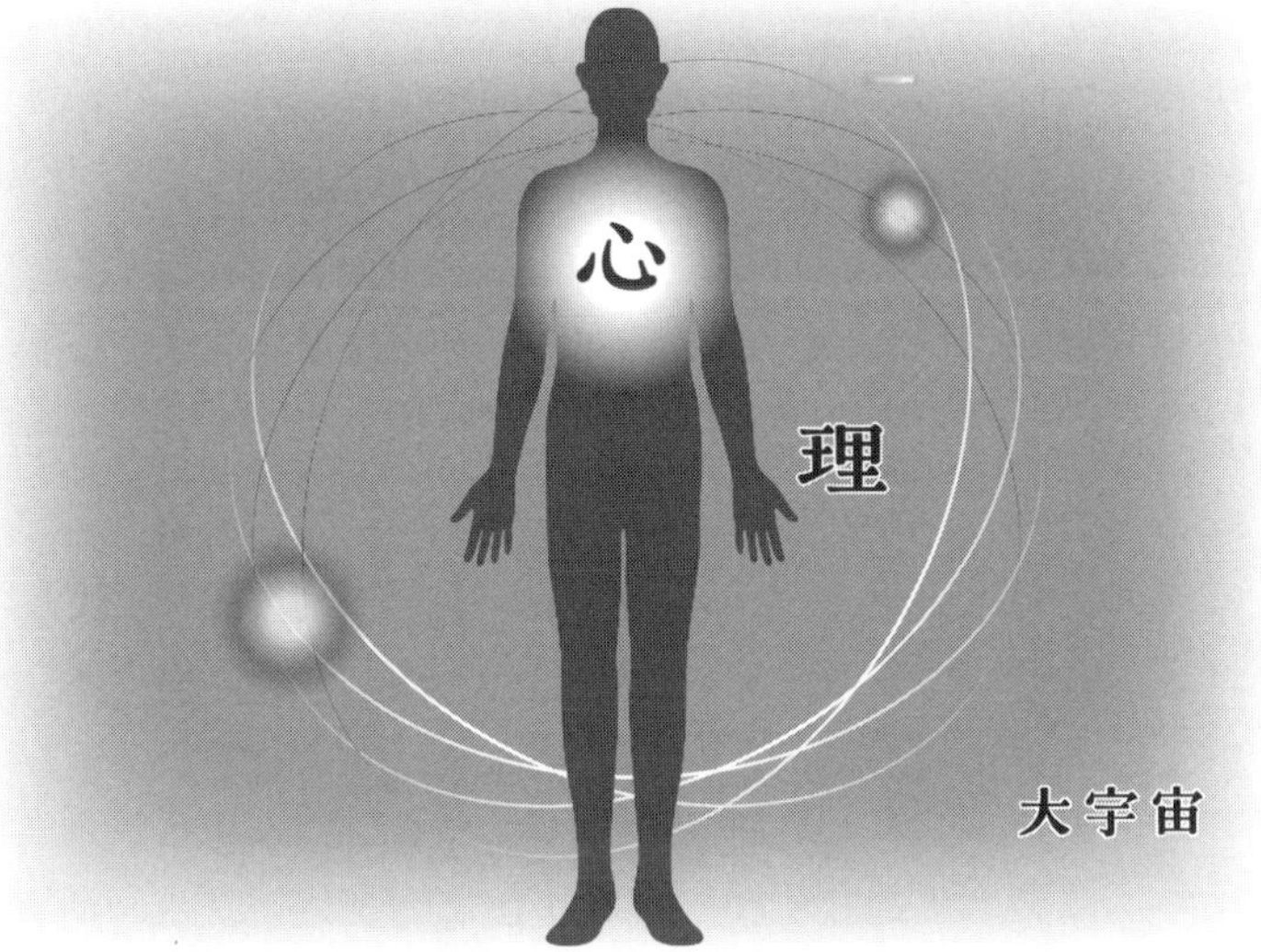

図１　心と理が一体であるという「心即理」の教え

のです。

人は、やってはいけないルールの中で、殺人や強盗は悪いことであるという点については、教えられなくても理解しています。この理解の根底にあるのが「道理」で、まっとうな人間としてやってはいけない、踏み外してはいけない決まりです。あなたが働く会社や生活するうえでいやなことや苦しいことがあっても自暴自棄になってはいけません。つらいとき、「道理」という言葉を思い出してください。人間社会を含む自然界において、秩序を守る天理としての道理があります。この道理こそ、宇宙の中で人が人として存在できる道徳の基盤なのです。

日々、人事を尽くしてやり切る力を高める

筆者は陽明学を知った当初、その教えを全力で実践すればこと足りると思っていました。しかしあるとき、全力を出すことだけでは不十分だということに気がつきました。一生懸命やったのに伝わらなかったり、相手から手抜きをしているのではないかという受け止め

方をされた経験が何度かありました。

「人事を尽くす」とは、がむしゃらにがんばることではなく、課題に対してあらゆる切り口を抽出して問題を整理し、実践に向けた最適な対策を提示、実践することです。そこまでやれば、きっと相手は納得するでしょう。一生懸命やる、全力を傾けるというだけでは実は不十分なのです。そして、「やり切る力を高める」ことがテーマです。

しかし日々、人事を尽くしてやり切る力を高めるのは生半可なことではありません。そのため、頭の芯から知恵を絞り出すことをやれるように、日ごろから訓練しておくことが大切です。筆者は今、全力を出すことではなく、人事を尽くすことに意識を向けるようになったので、ものの見方が広がって人間力も少し向上したのか、わずかながら真理に近づいたような気がしています。

第１章

セカンドライフの不安は人間力を高めて楽しく働くことで解消する

生涯現役で働くことの３つのメリット

本書のキーワードである「人間力」。それは〈人柄＋考え方＋フットワーク＋教養とマナー〉による総合力を基とする。

① 老後2000万円問題は「働き続ける」選択肢で解決

有利な条件であれば転職が当然の選択肢と考える若い世代が台頭してきました。終身雇用制度が崩れ、長く勤めるほど退職金が増えるという優遇措置もなくなりつつあります。また、現在の年金制度がすでに将来の財源不足を見据えて、加入資格の拡大をしている点から見て、定年後のセカンドライフで給料をもらって働くという選択肢が当たり前、すなわち常態になります。

女性にとってもこの選択肢は当てはまると思います。これから10年、15年後、日本の社会はどの分野においても男女平等という世界の潮流に乗り、大きく変貌していくでしょうから、キャリアを磨いて新しい就職先を選んでいくことができる時代が来ます。女性の就労先はいまではあらゆる分野におよび、裾野が広がっているのは周知のとおりです。

年金事務所では、あなたが今のまま年金を納め続けていくと将来いくら支給されるかをシミュレーションしてもらえます。ご自分の将来のことですので、地元の年金事務所へ、持参書類の確認と予約をして訪ねてみてください。親切に対応してくれます。

金融庁が2019年6月3日に発表した『金融審議会　市場ワーキング・グループ報告書「高齢社会における資産形成・管理」』で試算した〝老後2000万円問題〟を自力でクリアするためには、生涯現役として稼ぐのが一番です。

なぜ一番かといえば、その理由は3つあります（図2）。

①世間とのつながりが切れず、いつも人と交わる生活ができるので、適度に刺激があり、若さを保てる（「**老い**」にのみこまれない）。

②給料が得られる。

③生活のリズムにアクセントが付き、睡眠、食事、健康にも気を遣うようになる。

生涯現役を目指す活動を始めるにあたって課題があるとすれば、次の3点です。

問題1　前職の肩書きやプライドを新しい職場に持ち込むこと

再就職などで若い人たちに交じって、あるいは若い人の下で仕事をする場合は、やはり気苦労が多くなります。また、知らないことを教えてもらうのも抵抗があるでしょう。し

図２　生涯現役で働くことの３つのメリット

かし、それらは現役を続ける限りついて回ります。ですから、「**自分はなにも知らない」ということを自分に言い聞かせて、**周りの人に教えを請う覚悟をしてください。覚悟さえできれば、この障壁は低くなります。

厄介なのは、前職あるいは過去の自分の肩書きや成し遂げてきた実績を忘れられず、教えてもらうことを心の片隅で恥ずかしいと思って、教えてもらうチャンスを逃してしまうことです。特に最新のデジタル機器の使い方などについては、知っている人に素直に教えを請うことが失敗をしない近道です。実際に教えてもらうと、「なんだこんなものか」と拍子抜けしたりします。

また、シニアになると記憶力が低下するため、同じことを2度、3度聞く傾向が出てくるので、教えてもらう際には必ずメモを取りましょう。手足と目・口と頭を絶えず回転させると知識を吸収する力が衰えず、若さも保てます。

問題2　短気を起こすこと

短気を起こさなければ、生涯現役で働けます。 自分が熟慮して選んだ転職先ですから、1～3カ月間は用心しながら初心者マークで過ごしてください。3カ月辛抱できると、あとは大丈夫です。新しい職場のペースに慣れ親しんでいけます。

3カ月しないうちに、習慣の違いが原因となる早とちりや、言葉足らずの言い方をされてカチンときて辞めないようにしましょう。日々の小さなストレスにイライラしない、という目標を立ててください。

問題3　指示待ちになること

仕事を指示されたらすぐ実行する、という「**すぐする心持ち**（行動力）」**を常に心がけて、**

二つ返事で動くようにすると、スムーズに早く職場になじめます。なお、指示を待つばかりではなく、手が空いた際には手伝えることはないかを積極的に聞くなど、コミュニケーションを取りましょう。コミュニケーションを取るのは若い人よりもあなたのほうがベテランのはずです。

フットワークよく仕事をするということは、仕事がスムーズに進み、職場の雰囲気を良くするのでどこにいても受け入れられますし、いなくてはならない人になる近道です。

筆者のセカンドライフの職場は地元の信用金庫で、前職のスーパーとは畑違いの分野のため、言葉（金融専門用語）の壁を乗り越えるのに苦労しました。前述したポイント（3カ月間辞めない目標）に気をつけながら毎日働いた結果、この苦労を乗り切ることができ、その後長年勤めることができました。さらには、「陽明学」の考え方を実践してきた経験を用いたことで、若手の人材育成を担当することができたのです。

近年指摘されている人手不足において男性・女性の区別はなく、すべてのシニアにとってはチャンスです。培ってきた知見を大いに生かして社会に貢献するという「生涯現役」をぜひ念頭において実行してください。自ら動けば、おのずと「年金＋給与」で老後の生活資金問題はクリアできる目途がたつと思います。

人生50年で、酸いも甘いも味わってきたあなたにとって、本書が提案する「人間力」を高めるための行動は、それほど難しいものではありません。どんな職種であっても現役を保とうとするあなたの気概に照らして陽明学の教えを実践し続ければ、定年後のセカンドライフが向こうのほうから扉を開けて待っていてくれます。

② 働くからこそ、老後でも夫婦そろって趣味を楽しめる

定年後の働き方として筆者がお勧めするのは、週3日勤務です。体力的にもきつくなく、趣味を生かして生活を充実させることができ、公私ともに満足できるからです。そのためパートナーとの関係もよく、自分のやりたいことができるので不満なく過ごせます。

週3日勤務（週3勤）のメリットと注意点は次のとおりです。

メリット1▼　達成感と充実感が得られる

週3勤でも、仕事のスケジュールを優先して振替出勤や振替休日を組み合わせれば職場に十分貢献できます。自分がやらなければいけない仕事をしながら、自分が納得して休みを振り替えるのでストレスはなく、やり終えたら達成感と充実感を感じるはずです。

メリット2▼　「三方良し」の生活ができる

週3勤のペースがあなたの生活リズムに根付くと、仕事をしながら趣味の充実、経済活動への貢献、夫婦でお互いが好きなことをやれるという意味も含めて満足度は高くなり、いわば「三方良し」の生活を送ることが可能です。

注意点1　いつもチャレンジ精神が必要

「私はこれしかできない」とか「そんなことを言われてもやったことがないからこの年で無理です」という考えではなく、新しいことにどんどんチャレンジするという前向きな思考を持たないと、いずれ壁に当たってしまいます。雇用形態は別にして、企業に勤めるということは年齢のいかんにかかわらず、新しいことにチャレンジする姿勢を見せてこそ周りから認められます。よほど無理な仕事でないかぎりチャレンジする、という気概を持ってください。

注意点2　年金は別にして、自分が希望する年俸を伝える

「そうは言っても、今の給料ではこのぐらいの仕事が限度ですよ」と言うシニアが多いようです。給料を決めるときに「年金〇〇〇万円、プラス〝給料は税金のかからない範囲〟」という計算で考えてしまうと、往々にして希望額より低いことが多く、後々不満が出ます。不満を出さないためには、「年金は年金として、私はこれだけの仕事ができるし、新しい仕事にもチャレンジします。週3日勤務の年俸は〇〇〇万円を希望します」と明言して受け入れてもらうことが大事です。「自分が希望する年俸を申し出た」以上、積極的に新しいことにチャレンジする前向きな気持ちが生じてきます。それゆえ、今までの知見を100％以上活用し、何事にも一生懸命取り組む姿勢が出てきて、周りから評価されるはずです。それが何よりの励みになり、生き甲斐を感じます。

週3日勤務の余暇の話

週3日勤務の場合、4日の休みがあります。この4日を使って日頃感じている課題を一つひとつコツコツとひもといてみたらどうでしょうか。

(1) 家族・友人・知人との会話を一層深める機会にする。
(2) 自分が抱えている職場での課題解決について仮説を立てる。
(真のお客様は誰か、そのお客様は何を望んでいるのか、そのために自分は何をしなければならないのかを、自分の好き嫌いや損得をなくして心に問いかけ、正しい答えを求める。静座をして謙虚な心で思考する時間を持つようにする)
(3) 自分の趣味を深掘りする(一つのことを10年続ければベテランです!)。
(4) 興味のある分野に関する本を読む。
(5) 何もしない、ボーッとする日を作る。
(6) 事前に計画した旅行、映画、コンサート、美術館に行く。スポーツを楽しむ

いずれも週3日勤務がなせる賜物で、人生において価値があるものばかりです。

③ 男女を問わず、再雇用や転職でも人間力を磨くことが大事

働くといっても、正社員のほかにパートやアルバイト、嘱託社員などさまざまな雇用形態があります。どの雇用形態であっても「**職務経歴＋人間力」で評価されます**。職務経歴は人それぞれで得手不得手の仕事があり、企業が求める能力や人柄と合致するかどうかといった需要と供給の問題を含め、能力だけでは判断が難しいという一面を持っています。それゆえ最後は「人間力」がキーワードになります。

ここで、幼稚園の副園長から聞いた送迎用バスのシニア運転手募集の面接で実際にあった3つの事例を紹介します。

①面接にアロハシャツで来た応募者に「なぜそのシャツを着て来られたのですか？」と質問したところ、「若く見てもらえると思ってこの服にしました」と答えた。

⬇ 運転手さんという地味な職種の募集ですが、園側は、見てくれの服装で若さを出すのではなく、はつらつとした行動やはっきりした受け答え、しっかりした考

え方で若さを示す人間力を発揮してくれる人を望んでいました。

②時間ギリギリに来た応募者が、「遅れたらいけないから早めに出たが、道に迷った」と言い訳をした。

⬇運転手さんの募集ですから、事前に道順を下調べして道に迷うということのないようにする、さらには訪問先に至る道の危険箇所をチェックしておき、面接時の話題にするなど、事前準備をしっかりしていいところを示してくれると印象が良くなったでしょう。

③物腰が柔らかい応募者に対して「立派なご経歴ですね」と水を向けたとたん、自分のことを20分ほど一方的に話し、そのまま面接時間が終わった。

⬇面接官が聞きたかった「安全運転、乗降人数確認を含めた運行計画の注意点」については話が及ばず。第一印象から、的を射た受け答えを期待したが、それとは程遠い面接となった。

この3人の事例では、自分が応募するのは「安全運転という重責を担う運転手」なのだということをしっかり認識していれば、自ら質疑応答の模擬演習もでき、つり合った言動になったでしょう。短時間の面接だからこそ、的を射た受け答えが「資質ある人物」と評価されるのです。ここでは一つの職種として運転手さんを取り上げましたが、他の分野でも同様ですので、他山の石として記憶に留めてください。

転職するとき、例えば同じ中小企業診断士でありながら、一人は最新の理論を学びプログラミングをマスターしている、もう一人は30年変わらずワンパターンで診断に取り組んでいるのとでは、明らかに最新理論を学んでいる人のほうが素晴らしいと思っていませんか?

経営全般の診断においては、最新の経営理論で勝負するよりも、早く確実にポイントを押さえて改善点を指摘できることを伝えると安心してもらえます。

新しいことを学ぶのはもちろん大切ですが、今自分が持っている資格をどのように活用して改善してきたか、新しい職場でどのように活躍できるのかということが相手に伝われぱそれで十分なのです。

仕事のしかたにおいては　ワンパターンも大いにありで、それを自分の「強み」にするためにとことん磨いてください。

面接官にとってみれば、その人の人間性がどうなのか、わが社で馴染めそうか、力を発揮してくれるのかという観点から判断しますが、一つひとつの評価が点数で出てくるわけではないので、判定基準はあくまで面接官の感覚でしかありません。

しかし面接官もベテランになればなるほど、面接者の雰囲気や表情などから、人間性を推し量ることができる力量が備わっています。人間性は点数で評価しにくいのですが、その人からオーラとしてにじみ出てくるものがあり、ベテランはそのオーラを見逃しません。その人のちょっとした仕草、例えばありふれた日常生活についての何気ない素養（教養）を感じる一言や、面接官への言葉遣い、ウィットに富んだ話への微笑みの反応等々からその人間性は判断されます。

人間性は一朝一夕に培われるものではないので、日々留意して磨いていきましょう。読書、音楽、美術、スポーツ、そして自分の趣味の習い事など、コツコツ積み上げて道を極めていくことを大事にしてください。いくつになっても人前で披露できる宝物になります。

陽明学と生涯現役の話

序章で紹介した陽明学の教え「知行合一《ちこうごういつ》」は、簡単に言うと「知っていることと行動は切り離せない」という考え方です。

例えば、陽明学を実践している人の信条が「他人《ひと》が喜ぶことをする」としたら、必ずそれを実行します。すると周囲の人は、有言実行で裏表のない誠実な人柄を受け止めてくれます。だからこそ「私はこれだけの仕事ができるし、新しい仕事にもチャレンジします。週3勤の年俸は〇〇〇万円を希望します」と話を切り出せば、検討してもらえます。

しかし初回面接のとき、陽明学を実践しているというだけで、経験や人柄などを理解してもらうというのは難しいでしょう。それゆえ、後述する「実践記録簿」（本章6節および「おわりに」参照）を見てもらうということが、自分をアピールするものとして大事になります。

もちろんベテランの面接官は、その人の雰囲気から人間性を感じ取ります。年数を重ねた陽明学の行動は、うそをつきません。筆者はシニアになってこのことを言いきれたので、60～77歳と、77歳から現在までの2度、生涯現役のチャンスに巡りあうことができました。

受け入れてもらうために大切なのは「人間力を高める」ことです。これにより、

〝あなたには可能性がある〟と認められ、何かを感じ取ってもらうことができます。今日から定年までの10~15年間、ひたすら「職場での目標」1つ+取り組むべき「自分が気に入った陽明学の教え」2つ、合わせて3つの課題を定めて、黙々と実践を積み上げることがあなたの「人間力を高める」ための王道になります。人事部に申告したり、他人に言ったりする必要はありません。必要なのは「周りの人(職場、得意先、町内会など、あなたのステークホルダー〔利害関係者〕)が喜んでくれる」という実績のみですので、とても簡単です! 職種は問いません。実践した時間の積み重ねと記録だけがあなたを高みに導いてくれます。

④

「人間力」は総合力——笑顔と陽明学に学ぶ13の考え方

本書のキーワードのひとつである**「人間力」とは、〈ニコニコしている人柄＋考え方＋フットワーク＋教養＋マナー〉を総合したもの**と考えています（図3）。それぞれの要素について説明します。

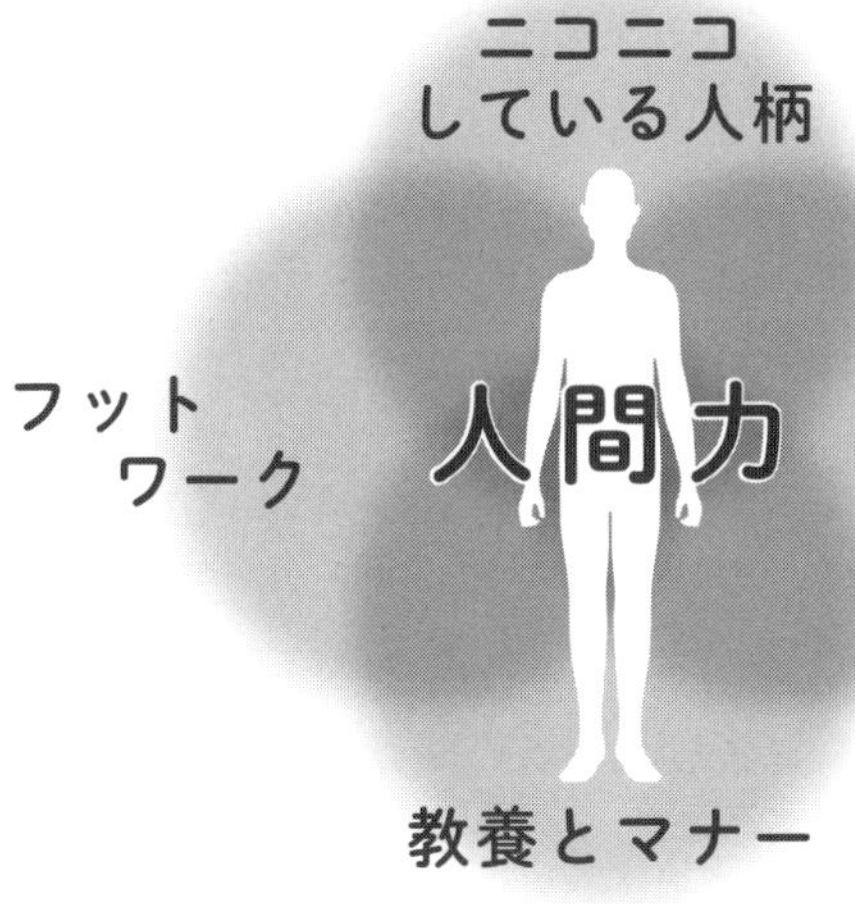

図3　「人間力」を構成する要素

◆シニアと「ニコニコ」について

笑顔は世界共通のなごみのシンボルですが、シニアの男性にとってはかなり難しい表現だと理解しています。特に長年管理職に就いていた方にとっては、簡単にできるものではありません。しかしこの「ニコニコ」がことのほか大切です。温和な人柄と安心感を相手に伝えます。みんながみんな素敵な笑顔が作れるというものではありませんが、ニコニコは何物にも代えがたい素晴らしい強みとなりますので、常に意識しましょう。

ニコニコしていると、雰囲気がとげとげしくならず、ピリピリしている相手も声を荒らげることもなく、大きなトラブルにならずに済むことが多いようです。

次に筆者なりのニコニコ練習法を紹介しますので、今からぜひ練習してみましょう！

「ニコニコ」の練習方法

準備するもの

例えば、４コマ漫画「サザエさん」１冊、好きな落語か漫才、笑える人情ばなし（筆者の場合は桂枝雀の実況版ＣＤ）。みなさんはお好きなものを準備してください。

「ニコニコする」ができるようになるためには、自分の笑顔をチェックしたり笑う回数を増やしたりすることが大切です。

①毎朝、鏡の前でニコニコする

②表情筋を鍛える

そのためには、例えば次のようなことをして日頃から笑顔を出やすくします。

・自宅でサザエさんの漫画を見て笑う
・一人で好きな落語や漫才を聴き、腹の底から笑う
・午前中1回午後2回、サザエさんの漫画を思い出す

みなさんも自分のお好きな漫画やテレビなどを見て、たくさん笑うことで表情筋を鍛え、笑顔の習慣をつけるようにしてください。時々、鏡で自分の表情をチェックしましょう。

◆陽明学の「考え方」13項目の詳細

序章で「陽明学の教えに基づく考え方」を13項目にまとめました。ここでは、それをさらに詳しく解説します。大事なのは考え方をしっかり持つことです。簡単で基本的なことばかりですので、じっくりと読み込んで理解してください。

1 良いと思うことをすぐ実践する。間違ったらすぐやり直す

相手にとって良いと思うことはすぐに実践することです。相手は喜んでくれて、付き合いは損得を離れたＷＩＮ－ＷＩＮの関係になり、太い絆を結びます。若い人・リーダー・管理職・シニアが皆で実践すれば素晴らしいチームになります。

2 自分の好き嫌いや、自分にとって損か得かで判断しない

判断ミスを犯すのは、自分の好悪と損得を先に考えるからです。真に課題を解決するためには何が正しいかを常に考え、その答えを実行すると良い成果が多く得られます。特にリーダー・管理職、そして頼りにされるシニアは日々心がけてください。

3 うそをつかない

正直であれば、ときには自分に不利な事実も明らかになることもありますが、それを恐れずに言うことです。言葉にうそがないので逆に信頼され、あなたはリスペクトされて頼られます。正直に徹するのはシニアにかぎらず、あらゆる階層の人にとって難しいことで

すが、物事を好転させるためにはなくてはならない考え方です。

4 損得を考えずに他人のことを優先し、自分のことは後に回す

損得なしで他人が喜ぶことを先にするとコミュニケーションは弾みます。京セラの創業者でＪＡＬの再建を果たした故稲盛和夫さんが言われた「利他の心」と同じ意味で、「正しい判断をするための考え方」です。特にリーダー・管理職・シニアは絶えず自問自答して磨いてください。

5 他人が嫌がることをしない

ハラスメントやハラスメントに抵触するようなことはしてはいけません。したほうは大したことではないと思って忘れても、されたほうは終生忘れることなく心に深手を負うことが多いのです。人としてあるまじき行為です。若い人、特にリーダーおよび管理職・シニアは実践する価値がある考え方です。

6 自分がしてほしいと思うことを、さりげなく他人にする

同じ作業をしていて自分が水を飲みたいと思ったら、まず先に他人に勧めると喜ばれます。自分のこととして他人に気配りできることは、人生の先達として必要です。特にリーダー・管理職・シニアには常に心がけてほしい行為です。

7 いつも相手をリスペクトする

相手を尊敬するから、自分も尊敬される。まず人として受け入れることが大切です。分けへだてなく受け入れ、良いところを認めて育て、生かすことです。若い人・リーダー・管理職・シニア全般に実践してほしい考え方です。

8 誠実をモットーにする

誠に勝るものはなし。人生を貫く心は誠実が基本です。心を誠実に正そうとすると、人間としての法則や、真理を正しく理解することが第一で、その際に陽明学が役に立ちます。特にリーダー・管理職・セカンドライフを考えているシニアに必要です。

9 気配り、目配り、心配り

自分のこととして他人を気遣う基本は気配り、目配り、心配りです。いつも心がけて習慣化すると、当たり前のことを当たり前にできるようになるので、心地好い雰囲気が形成されます。特にシニア・リーダー・管理職が留意すべき考え方です。

10 忙しいことを理由に断らない

忙しいのは頼りにされている証拠です。忙しいと言って断っていると、いずれ人は寄り付かなくなるので、寸暇を惜しんで頼まれごとを引き受けましょう。若い人・リーダー・管理職・シニアになくてはならない考え方です。

11 雑用、下準備、裏方は進んで引き受ける

段取り力は、目立たない仕事で磨かれます。料理も下ごしらえが8割という方もいらっしゃるくらいです。全体像を見て準備する係になれば、チャンスが来たと心得てください。特に若い人・リーダー・管理職とシニアに必要な考え方です。

12 人が嫌がる仕事を喜んでする

嫌がられる仕事は裏道に咲く花に似て目に留まりにくいものです。人が嫌がる仕事をやり通せば、予期しないチャンスがむこうからやって来ることがあります。泥をかぶってもやり切りましょう。特に若い人・リーダー・管理職とシニアになくてはならない考え方です。

13 やり切る覚悟を持ってやり切る

徹底してやり切れば、道はおのずと開けます。率先してやり切ることを続けていけば、周りもついてきてくれて良い成果となって表れることが多いものです。特にリーダーや管理職には必須で、第一に心得てほしい考え方です。

以上が陽明学の教えに基づく考え方になります。まずは、このうち2つだけを心に決めて実践しましょう。その決心は間違いなくあなたをステップアップさせ、生涯現役の道が開かれるはずです。

陽明学はやり切る力を鍛える

何事も言うはやさしく、行うは難しいものです。陽明学の教えの中に「事上磨練《じじょうまれん》」があります。これは「自分を高めるためにあらたな課題を求めるのではなく、今取り組んでいる仕事にベストを尽くすことが自分を高めることになる」という教えの一つです。

良い結果を求めようとするのではなく〝今〟に〝ベストを尽くす〟ことが大事であると説いています。「人事を尽くして天命を待つ」の「人事を尽くす」もこれに通じます。

「事上磨練」の教えを実践し続けていけば、いつの間にか結果にたどり着きます。そこで〝やり切る力〟が身に付き、一瞬一瞬にベストを尽くすため、成果はおのずとよいものになるのです。

◆フットワークこそ若さを維持する秘訣

シニアが「面倒くさがり屋さん」になってしまうと名誉挽回に時間がかかります。そうなる前に、言われたらあれこれ考えずにすぐ動く、当たり前のように行動するといったフットワークの良さも好まれる大きな要因です。

社内を忙しく動き回ればその姿が目に付き、それとなく注目されます。職場内の要所要所で立ち話をすれば情報収集にもなります。キーマンになる人は面倒見がいい人が多いので、頼ってきた人には何くれとなく気配りしてくれます。仕事のことを同僚や上司に聞くのは当然ですが、仕事以外で相談できる信頼関係を築くのは大事なことです。

本章1節の「生涯現役を始めるにあたっての問題点3」で「指示待ちになること」について触れましたが、**フットワークこそ若さを維持する秘訣であり、転職先での大事なコミュニケーションにつながります**。指示待ちにならず積極的に仕事を引き受けて、周りとの情報交換を進めることがシニアの転職には大切です。

積極的に仕事を引き受けた分、終わったら「終わりました」と報告し、結論あるいは結果を「数字」や「主観を入れない事実」とともに客観的に「報連相」するよう心がけましょう。実直さが伝わって、好ましい印象を残すことになります。

前職のやり方が抜けなかったり、自信がないために不確かな言い回し（例：「多分」「だと思います」）をしてしまったりすると、不信を招く場合がありますので気をつけましょう。

◆教養とマナーについて

教養とマナーは、日頃から心がけて身につけておくことが、先々で役に立つことになります。

①教養

読書や音楽会、演劇鑑賞、美術館巡り、旅行、スポーツ、ダンス、キャンプ――どれも教養を身につけるものばかりです。すぐに成果が挙げられるものではなく、倦《う》まず弛《たゆ》まず滞ることなく自分の時間の中で育まれていくのが教養です。好きな分野を一つ決めて、YouTubeや図書館を活用して取り組めば、定年までには十分な教養が身に付きます。

このほかにも、茶道や書道などはあなたの豊かな人生を下支えしてくれるでしょう。

②マナー

いくら教養があっても、ものの言い方や立ち居振る舞いがぞんざいであれば、持っている教養が宝の持ち腐れになりかねません。

普通は教養が身につくと謙虚なものの言い方になることが多いのですが、中にはいろいろ知っているからか、「自分が自分が」という態度が出る人もいます。稲穂も実るとだんだん頭を垂れるように、われわれも自重して他人を引き立てる心遣いをするようになりたいものです。

マナーには国や地域における誇りと伝統、伝承そしてその土地の英知が詰まっています。郷に入れば郷に従えということわざがあるとおり、マナーを無視しては円滑なコミュニケーションは図れません。

また、わが国では「道」のついている茶道、華道、柔道、剣道などにおいては、〝礼に始まり礼に終わる〟と言われるように、「礼＝マナー」は基本中の基本です。シニアが気をつけたいマナーのポイントは次のとおりです。

◎立ち居振るまい

・動作が緩慢になり、小股で歩いたり、前かがみになりやすいので気を付ける
・背筋を伸ばし、あごは軽く引く
・座布団や椅子に座ったとき、両手は軽く握って膝の上に置く
・歩くときには背筋を伸ばし、大股を意識してシャキシャキ歩く
・着席している人の前を通るときは挨拶、会釈をして進む
・おじぎは相手に向かってしっかりとする
・動作が遅くなるので、準備は早めに取り掛かる

◎食事のとき

・食事前に洗面所で顔の汗をぬぐうなど、身だしなみを整えておく
・軽く背筋を伸ばす
・おしぼりで顔を拭かない
・「いただきます」と言ってから箸を取る
・お箸を持ったまま、湯飲み（コップ）でお茶（お水）を飲まない

・食器の音や咀嚼音を立てない
・お皿を持って直接料理を口に入れない
・美味しい料理だったら、スタッフに「この料理美味しかったです」と伝える
・食後に「ごちそうさま」と言う
・つまようじを使うときは口元を隠し、必要最小限の回数に抑える

◎挨拶の仕方

・朝一番のあいさつはニコニコし、元気よく、相手に体を向けて言う
・お世話になっていることを忘れずに、まずはお礼を言う
・自分から先に挨拶をする

◎ものの言い方

・はっきり分かるように話をする
・声の大きさはそのときの場の空気に合わせる
・お年寄りには近くに寄ってゆっくりと大きな声で話をする

・普段から口角を上げて、ニコニコしながら話す
・自分は年長者だからといって、横柄な物の言い方はしない
・君付けやちゃん呼びはせず、誰を見ても「さん」付けで呼ぶ
・場違いな大声で笑わない
・体の特徴を話題にしない
・明るい話題を選んで話をする

◎出迎え3歩、見送り7歩

出迎え3歩とは、お客様をお出迎えするときの心得です。以下の点に気をつけましょう。
・受付にあらかじめ来訪を伝えておく
・玄関の3S（整理・整頓・清掃）をする
・観葉植物の葉のほこり取りや絵などの額縁の傾きをチェックし、額縁を拭く
・時計の時刻を確認する
・約束の5分前には応接室のエアコンを入れる
・ほこりが目につかないようにテーブルや椅子を拭いておく

見送り7歩とは、出迎えるときよりもさらに心を込めて対応することが大切という意味です。お客様が玄関を出るときに自分も一緒に出て、お客様の姿が見えなくなるまでお見送りをするようにしましょう。

これらの教養とマナーは、あなたの品格を形づくるものです。

ここで伝えたのはほんの一部ですが、自分でチェックリストを作ってみるのもいいでしょう。品のある笑顔、オープンでフレンドリーな笑顔は長い年月をかけて磨き上げる宝物です。対面で話す際は常に意識しましょう。

⑤「考え方」に筋を通してくれるのが陽明学

どんな組織でも各部門には取り組むべき課題が与えられ、解決策を考えて行動を起こすことが求められます。これに対して思いつきで行動すると、筋が通っていないために長続きせず、そのときの気分で行動することによるムラが起こり、成果も安定しません。したがって課題解決には程遠いものとなります。

陽明学的解決策として、次の方法が考えられます。

①部門の課題の中から、自分の課題として取り組むべきものを見つける。

②その課題について、自分の好き嫌いや損得を排除して真に喜んでもらえるのは誰なのか、お客様は誰か、その人に何をしたら喜んでもらえるかを考える。

③時間のかからない方法、経費のかからない方法、効果が大きい方法の中から真の解決策を求めて模索する。

この中から妙案が見つかる確率は高いと思います。失敗したらすぐに改められるので、誰にも迷惑をかけずに改善策を講じられます。このやり方こそ、陽明学の考え方に基づく行動の第一歩であり、すべての対策・立案について応用できる考え方です。

自分の好悪や損得の感情を少しでも排除して、「**真のお客様に対して限りなく正しい方法を選択する**」という筋が通った解決策を模索できるのです。それにより、全体の業績が低迷していても、自分の成果は上がってくるでしょう。その積み重ねがあなたの評価を高めることになります。

この考え方を用いて成果が上がった筆者の実例をお話しします。

スーパーの小型店に店長として赴任して1カ月も経たないある朝、係長から「100円均一の商品を集めて売り出したい」との提案がありました。すでに「100均大会」として全店でイベントが行われており、それなりに実績を上げていました。今回はこれまでのような問屋さん主導型ではなく、係長が日々の業務で培った目利き力を生かして仕入れた商品を並べるというものでした。精肉・鮮魚・惣菜・青果の各部門加工場でも100円均一の商品を準備しました。

イベント前日、係長が通路に置いた売台に商品を並べる端から、お客様がレジに持って行くのを目の当たりにして、係長の目利きの確かさに驚きました。

宣伝は学生アルバイト数名によるチラシのポスティングです。イベントの3、4日前から近辺のアパートへ3000枚のチラシを配布しました。その甲斐あって当日は久しぶりに大盛況でした。日割りと月の予算を達成したため、従業員ががぜん元気になりました。

これを機に「100均大会」は各部門にとって重要度の高い大事な催しとしてとらえら

れるようになり、2回目以降も全部門が参加しました。毎回ブラッシュアップされていったので年間予算もクリアできたのです。

このとき、ランチェスターの法則*の「第1法則：弱者の法則」を取り入れました。この店を地域の中では弱者と認識して「第1法則」に取り組み、「100均大会」に集中してコンビニなどの他店との差別化を図り、業績は回復しました。

「100均大会」の成功の要因は、次の点が明確になったことです。

①誰のためなのか（真の目的）↓毎日のお客様
②誰が喜んでくれるのか↓毎日のお客様
③誰の仕事なのか↓自分たちの仕事

従業員が競って自発的に100円均一の商品を開発し、お客様と従業員がWIN－WINの関係になり、その後の店舗改装から店舗建替えにつながるターニングポイントとなりました。あえて手間暇をかけた、面倒くさいイベントにして他店がすぐにまねできなかったことが成功の要因でした。

このように「**自分の好悪や損得の感情**」**を排除するだけで、あなたにまつわる大半の課題がスムーズに解決できます**。この考え方が身につくと、すべての業務に適応できるので、上司が云々ということは関係なくなり、万事がうまくいくようになります。

＊ランチェスターの法則――1916年、イギリスの航空機エンジニアであるフレデリック・ランチェスターが発表した、戦争における戦闘力に関する2つの法則。ランチェスターの法則はその後、市場戦略において応用されるようになる。第1法則は、局地戦で勝ち残るための必勝法は、人とモノを一点に集中して戦うことが最善であるという考え方。第2法則は「強者の法則」と呼ばれ、大企業向けの市場戦略。

陽明学は自律型人材の育成を後押しする

自律型の人材になるのはなかなか大変です。しかし安心してください、そこへ至る歩みはそれほど難しいものではありません。

では、「指示待ち」から脱却し、自律型人材になるために何をするのがいいのでしょうか？　ポイントは、〝「今」にベストを尽くす〟ことです。

ゆえに「人事を尽くして天命を待つ」人こそ、出番です。良いと思うことをやり、考えられることをすべて実現するためには「指示待ち」している暇はないのです。次々とやらなければいけないことが湧いてくるので、自ずと自律型の人材に変貌せざるを得なくなります。

陽明学と自律型人材とは、切っても切れない間柄です。現在の課題解決にベストを尽くし、進んで実践することが自律型人材になる道筋として王道です。「ベストを尽くす」「人事を尽くす」とは、「これぐらいでいいだろう！」ではありません。考え尽くして、やり尽くすことをいうのです。

そうなるにはプレッシャーも感じるでしょうが、初めは1つあるいは2つのことから取り組めば大丈夫です。やり慣れると次々と物事がスムーズに運ぶようになるので、自信を持って取り組んでください。善事即行は本書を読むあなたならきっとできます。自律型人材になれるでしょう。

⑥ 職場での目標を達成するために知っておきたい考え方

陽明学の教えは微に入り細を穿つとたくさんあります。私は勝手ながら「八百万《やおよろず》の神様」からお名前を頂戴し、「八百万（いろいろたくさんあるという意味）の教え」と呼んでいます。そして、この中の2つを実行するだけで、あなたの職場での目標を達成できる確率は今までより格段に高くなります（図4）。

次の手順で紙に書き、目標達成に向けて行動してみてください。

①お客様にとって大事なことを実現するために、あなたはどのような考え方を持つことが重要だと思いますか？（「陽明学の教えに基づく考え方」13項目から2つ選んでください）

②職場での目標は何ですか？

③職場での目標を達成するためには、誰がお客様（相手先）ですか？

④お客様（相手先）にとって何が大事ですか？　自分の好き嫌い、自分の損得を排除して、純粋にお客様の立場で考えてください。

「陽明学」の教えに基づく考え方13項目

1. 良いと思うことをすぐする。間違ったらすぐやり直す
2. 自分の好き嫌い、自分にとって損か得かで判断しない
3. うそをつかない
4. 損得を考えず他人のことを優先し、自分のことは後に回す
5. 他人が嫌なことをしない
6. 自分がしてほしいと思うことを、さりげなく他人にする
7. いつも相手をリスペクトする
8. 誠実をモットーにする
9. 気配り、目配り、心配り
10. 忙しいことを理由に断らない
11. 雑用、下準備、裏方は進んで引き受ける
12. 人が嫌がる仕事を喜んでする
13. やり切る覚悟を持ってやり切る

1~13から2つ選ぶ＋職場の目標

「行動の考え方」

1．良いと思うことをすぐする。間違ったらすぐにやり直す（選択）
2．やり切る覚悟を持ってやり切る（選択）
3．職場の目標：顧客満足度120%アップ（必須）

図4　「職場の目標」＋「２つの考え方を選ぶ（ここでは１の「善事即行 即時改善」と13の「リーダーとしてやり切る」を選択）」→ これを実践する

⑤選んだ考え方に基づき、毎日意識して行動しましょう。

営業成績の向上を求めず、お客様にとって良いと思うことをひたすら実践し、その行動を各々の実践記録簿（236ページ参照）に記録して見える化していきます。これを継続すると、結果を求めていないにもかかわらず自然と達成に向かって日々進んでいくのが分かるので、記録を取ることが楽しくなってきます。

⑦デジタル全盛の現代に超アナログな陽明学を取り入れるメリット

陽明学は西郷隆盛や京セラの創業者であり、そしてＪＡＬの再建を成し遂げて２０２２年に亡くなった稲盛和夫氏も実践した、日本の精神的豊かさの土台です。

◆なぜ陽明学が人間力を高めるか

陽明学は「人としてどう生きるべきか」を探究し続けるもので、探究には行動が伴います。人としてやらなければならないこと、やってはいけないことなどを考えて終わりではなく、即実践する教えです。

実践が当たり前なので、必然的にその行動の答えとしていろいろな反応が返ってきます。その経験の積み重ねによって人間力が高まりますし、誰に対しても分け隔てなく接し、自分事として目配り気配り心配りができるので周囲から好まれます。また行動が早いので、次の依頼に対してもスムーズに対応できます。

著者が推薦している13項目を、ただ単に眺めて読んで理解したという人には実践の喜びはありません。とりあえず13項目から2つを選んですぐに実行してみてください。遅かれ早かれ反応が表れて、成果と見なされるものが得られるはずです。そこで初めて喜びを感じとることができます。ただし、実践していてもすぐ効果が出ない場合もありますので、焦りは禁物です。実践した後の成果を求めるわけではないのですが、なるべく早く取り組めば成果は大きく、喜びもひとしおだと思います。

人間力を磨く上で、陽明学の教えを実践する期間と積み重ねる事例の数は重要です。早い、遅いと思わずに、来年の今頃を楽しみにして今すぐ取り組みを始めてください。1年後、あなたは自分が意識して実践したことの成果が実り、人間的な成長を実感すると思います。そして「なるほど、こういうことか」と喜びの声を上げるはずです。

◆陽明学って、実は簡単?!

陽明学を理論立てて探究していくと、「知ること」が徐々に面白くなります。この知識の森にはまりこむのもよいのですが、実践することを忘れてしまいそうですので気をつけてください。

繰り返しになりますが、大事なことは「知っていることを実行する」「人が喜ぶことを率先してやる」といった分かりやすい教えにすぐに取り組むことです。それを積み重ねていくことを毎日の行動指針にして楽しんでください。

あなたがするべきは「○○さんが喜んでくれた!」というこの喜びの積み重ねだけです。

このように陽明学は頭で考えるほど難しくはなく、実は明解です。「思いついたら即実行」が第一であり、知識を深めるのが目的ではないのです。「コツコツとやったことを積み重ねる」のがポイントです。

陽明学の教えは、デジタル万能の現代において非常にアナログです。**人の心には生き方の極意がぎっしりと詰まっており、人間性を高める行動指針の塊です。**宇宙の誕生、地球の誕生、生物の誕生そして人類の誕生という悠久の歴史の中で、混沌（カオス）としていつが始めか分からないながらも私たちに刻み込まれたＤＮＡ。これが発する直感の領域の、無限の課題解決策の中から、あなただけの解決策を模索することを教えてくれるのです。

第1章
まとめ

1　老後2000万円問題を解決するには、「生涯現役」として働き続ける選択肢を持つこと

2　定年後の働き方として筆者がお勧めするのは週3日勤務

3　どの職場でも「職務経歴＋人間力」で評価される

4　「人間力」とは、〈人柄＋考え方＋フットワーク＋教養＋マナー〉を総合したもの

5　「考え方」に筋を通してくれるのが陽明学

6　「職場の目標」＋陽明学の2つの考え方を選び、実践する

7　陽明学は「人としてどう生きるべきか」を探究し、今すぐ実行する教え

第2章

心も体も元気になる「知行合一」

知ること＝行動すること

「知《ち》行《こう》合《ごう》一《いつ》」とは、知ることと行うことは一体である、分けることはできないということ。ゆえに、「知っていてもやらないのは、知らないのと同じである」の意。

①　すべては行動することから始まる

良いと思ったら、すぐ行動することが重要です。

すぐ行動するから結果が分かる → 結果が分かるから次に何をしたら良いかが推測できる→次の手がすぐ打てる

というようにこの循環を回すように心がけてください（図5）。

そのためには、心にひらめいたことを躊躇せず実行することです。明日しよう、あるいは次のときにしようでは、そのうち忘れてしまいます。行動しなければ知らないのと同じであり、せっかくのチャンスが失われます。

すぐ行動に移すと、あなたの思考回路は改善されます。機会あるごとに意識して行動に移すことを続けていくと、それが習慣化します。このように意識が変わると行動が変わる、そうなるとしめたものです。あなたは陽明学的な「行動人間」、随所で主となる自律型人間となることができ、新しい人生が幕を開けていきます。

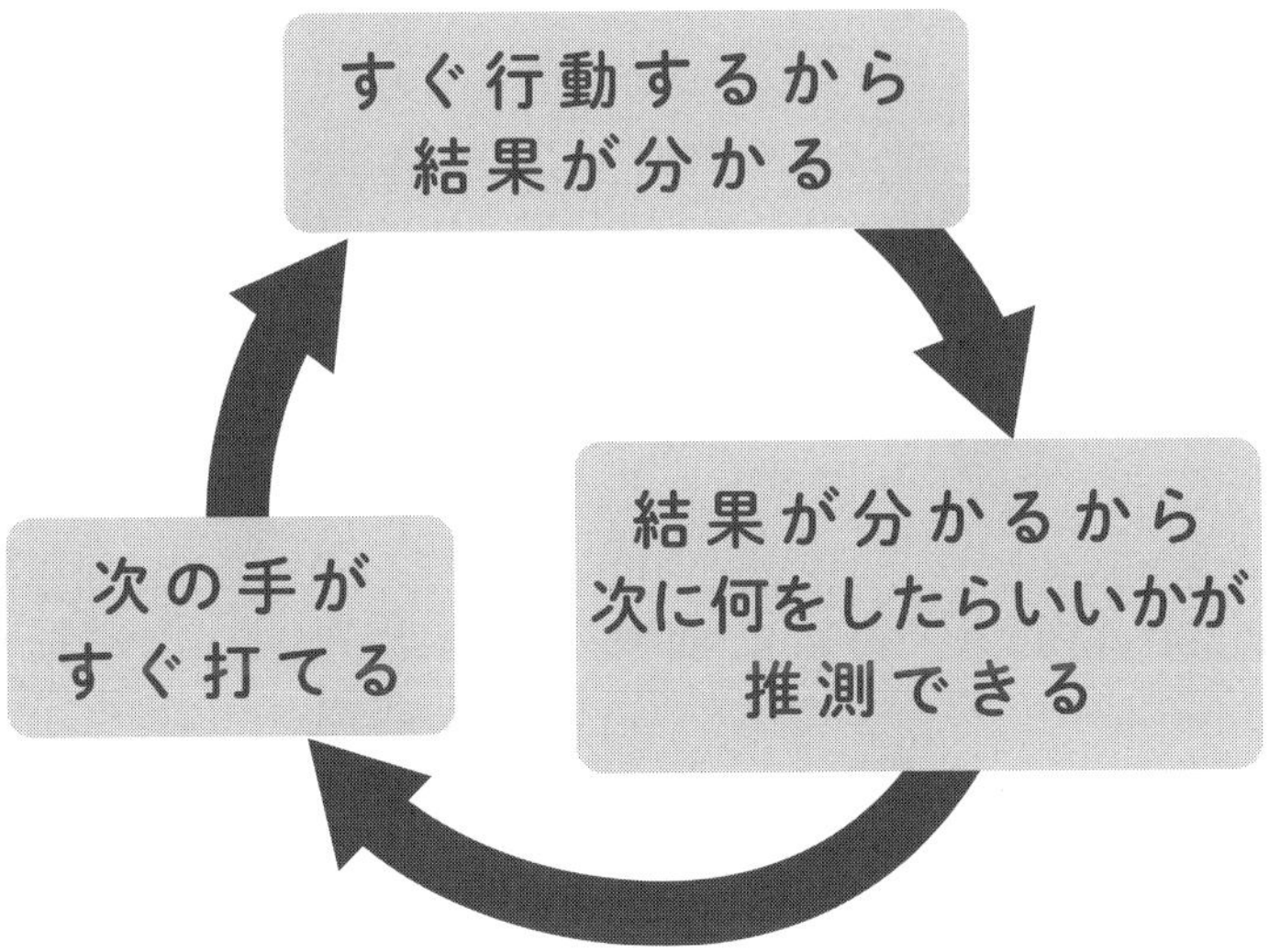

図5　陽明学ではすぐ行動することが重要

「即行動」のおかげで高齢でも働ける健康を手に入れた

30年以上前、友人が主治医のアドバイスで食生活の改善に取り組みました。その苦労話を聞いて、筆者もすぐに「減塩」と「減糖」を始めました。

味噌汁は味を薄めに、ラーメンやうどんの汁も残し、塩やしょうゆを極力控え、代わりにお酢を使うことで乗り切りました。当然、上白糖の消費量も激減です。もともと家内は薄口派でしたので、私が合わせました。それ以降この食生活が続いています。

このほか、体を動かすために、週1回2時間ほど、家内が世話役をしている卓球愛好会で汗を流したり、気候の良い春や秋の間は週2〜3回、30〜40分程度うっすら額に汗をかく程度の軽いウォーキング（スロージョギングとウォーキングを3分ずつ繰り返すインターバル走法）をしたりしています。

また、健康を維持するだけではなく、老化とうまく折り合いをつける「ウェルエイジング」も心がけています。昭和大学医学部教授で医学博士の山岸昌一先生の著書『老けない人は何が違うのか』では、健康的な食生活を継続する大切さについて、次のように記されています。

「食生活をもっときちんとしなくてはいけない。〈中略〉そのうち改めよう。そのうち、そのうちと先延ばしにしているうちに、時は矢のように流れて年を

とり、気付いたときには全身がAGE*にむしばまれ、老化は加速し、さまざまな病気のリスクにさらされることになるのです

「何十年と長い時間をかけてじっくり侵食してきた敵（AGE）を、一朝一夕に簡単に撃退させる方法は、残念ながらありません。〈中略〉食・生活習慣をよりよいものに変えていくことで、少しずつ勝利を重ねていくしかないのです」

*AGE＝たんぱく質と糖が結びついてできる老化物質。

生涯現役を目指すあなたも、明日から健康的な生活習慣に切り替えてください。改善の成果は、長い時間の経過と共に表れるので、思い立ったときに始めましょう。すぐ行動を起こすことは、自分の健康のために躊躇する必要はなく、やるだけです。

これから取り組む陽明学についても、長期戦です。焦らず倦《う》まず弛《たゆ》まず、良いと思われることをコツコツと積み重ねるのが大事です。

② 思いやりは巡り巡って返ってくる

職場にはさまざまな課題が内在しています。そんな空気を打開するために、良いと思うこと、あるいは気づいたことを提案しましょう。しかし実行するかしないかは、マネージャーが決めます。提案を採用されなくてもあなたのキャリアを傷つけるわけではないので、さっと諦めましょう。深追いは禁物ですので、よっぽどのことがない限り再度提案する必要はありません。

特に部下の育成は、先輩としてシニアとして、思いやりを持って取り組んでいただきたいと思います。時々目にするのは、教えもせずに「仕事はやって覚えることも大切」などと言っていきなり仕事を丸投げすることです。なぜそんなことが起こるのか。それは「教える時間がない」「めんどうくさい」という理由のほかに「何で今自分が教えなければいけないのか」「それくらい自分で考えてやれよ」といった上から目線で考えて放置してしまうからです。新入社員が、教えられもせず一から自力で始めなければならない状況をつくることは、上司の職務放棄といえます。受け取る方にすればパワハラです。

部下の育成は手間暇がかかるため、教える側の辛抱が大事です。現在シニアとして先輩であるあなたも、入社時は手間暇かけて育ててもらったからこそ今があるのです。あなたは自分が新人の頃、周りの人がどれくらいフォローしてくれたかを覚えていますか？　**思いやりは巡り巡って返ってくるもの**です。

現在は立派な経営者になっている方の自伝や日経新聞の「私の履歴書」など読むと、今となっては笑い話で聞き流せる、迷惑をかけた話は山とあります。誰にでも似たような逸話はきっとあるはずです。誰もが通る道だと思えば、自然と部下の相談にも乗ってあげられるのではないでしょうか。部下からのコミュニケーションを断絶してしまうと、部下の成長が遅々として進まないだけでなく、シニアであるあなた自身の気づきの不十分によって、生産性の悪化へとつながってしまいます。あなたが変わると目の前の世界（職場）が良い方向に激変します。大事なのは、あなた自身が率先して次の項目を行うことです。

・他人の嫌がることをしない
・自分が嫌なことを他人にしない
・自分がしてほしいことを先に他人にする
・人が嫌がる仕事は自分がする

・周りの誰かが良いことをしたら真っ先に褒める
・世話になったら相手の目を見てまず一言〝ありがとう〟と言う
・重たい荷物は進んで持つ（ただし、腰痛持ちの方は自分の腰と相談）
新人の教育においては、受け入れ側が教育係を付けて3カ月間フォローして、職場内で共有している仕事のやり方が身につくよう徹底する必要があります。職場の生産性向上のためには、避けて通れない道であり、手間暇がかかるようでも結局は近道となります。

③ 相手の意見を受け入れることが新しい展開を進める

コミュニケーションにおいて大事なのは、第一に相手を受け入れることです。難しく考えず、受け入れる、ということはお互いがリスペクトしあえる最初の関門です。

また虚心坦懐《きょしんたんかい》（先入観を持たず）に話し合いましょう。それが一番です。

赤字続きで苦戦しているスポーツクラブの部長をしたときの話をご紹介します。

その当時、3施設を経営するスポーツクラブのうちの旗艦店のスイミングチーフから

「会員種別をもっと細分化して増やしましょう！」と提案を受けましたので、管理課長も交えて話をしました。管理課長曰く「以前も会員種別を3種類から6種類に増やそうとして上申したのですが、社長決裁は下りなかった」ということでした。しかし課長は担当者の提案を受け入れ、新たに会員種別を9種類にする案（モーニング会員、アフタヌーン会員、ナイト会員、ウィークデイ会員などを設定し、利用時間を短くして料金設定を抑える）を3人で考えました。後日4000万円の改装・設備投資案を付けてまとめました。担当常務に説明するときには「常務と一緒に仕事をしたときうそをついたことはありません。今回の上申案も大丈夫です」と私は言い切り、社長への上申書を引き受けてもらいました。

ほどなく決済が下り、無事改装もできました。改装中に会員募集を始めると、600〜800人だった会員数がなんと2000人超に増えて、マネージャーとスタッフもうれしい悲鳴を上げながら頑張ってくれました。そんな努力の甲斐あってこの旗艦店舗が期中黒字に転換する見込みになり、常務も喜んでくれました。

残り2つの施設も同様のシステムにした結果、同じように会員数が大幅に増えて、累積赤字の解消に向けて順調に進みました。

まずは意見を受け入れる、検討するという行動を起こすことが新しい展開につながります。〝この案は以前提案してダメだったので無理です〟と言わなかった管理課長の判断は素晴らしいと思いました。

④ 好きなこと・得意なことをノートに記録しながら勉強する

自分の好きなことを強みにできると人生は豊かになります。例えばＩＴや文学、経済、心理学から、昆虫や恐竜、縄文時代、折り紙、料理といった趣味的要素が強いものまで、どんなものでもかまいません。住んでいる地域の特性を生かした土日の農業経営などを模索するのも、興味がある方にとっては面白いと思います。

生涯現役を目指すなら得意分野を見つけて磨き込むことが、あなたを輝かせる重要なキーワードになります。それを日々、ノートに記録しておくことはとても大切なことで、将来、カリキュラムを作るときなどにも役に立ちます。

特に過疎地を抱える地方には、専門分野に対する需要が少ないのでおのずと重宝されます。単発ではあっても、学校や公民館、シルバー人材センターなどでの講師として声がかかるといった、予想もしない活躍の場が広がる可能性があります。専門分野を磨くには時間が必要ですが、今から始めれば十分に間に合います。

今、国を上げて推進するなど、「リカレント」（休職し、学校に行き直して勉強をすること）や「リスキリング」（学び直し、転職あるいは部門異動を進めるため、DX等の新分野関連の勉強をすること）の潮流が目の前に来ています。その潮目を逃がさないようにしてください。そして受けた教育を再就職先など、次のステップにぜひ生かしてください。自分磨きをしながら収入増を目指せるまたとないチャンスです。

「念ずれば花開く」（詩人・坂村真民さん）と言われるように、自らが求め（念じて）、日々推進して自分のビジネスモデルを磨くために学びを活用するという策を、生涯現役を目指して積極的に取り入れてください。

⑤ 家族への感謝を忘れず、密なコミュニケーションを

生涯現役を実践するには、同居する身内が元気であるということが大切な要件です。特

に夫婦2人暮らしの場合は、伴侶が自立できる健康状態を保てる環境づくりが重要になります。

当たり前のことですが「食べる、寝る、歩く」の3つをすこやかにできることが目標となりますので、その環境で暮らせることに日々お互いが感謝しながら毎日を過ごしましょう。それが、お互いでしゃばらずスムーズに日常生活を送る秘訣です。

そのためには前述のコラムで紹介したように、食生活の見直し（減塩・減糖）とウェルエイジングに1日も早く取り組みましょう。

生涯現役の実践は、自分一人が頑張ってできるものではありません。**家族の協力があって初めて実現できること**です。そのためには、日々の家族の支えに感謝し、互いにリスペクトしあうことが大切です。日頃から家族に感謝の気持ちを伝えつつ、あなたが何に取り組みどうやっているのかを積極的に話し、理解してもらいましょう。社会貢献ができて給料もいただいて帰ってくる、お互いにWIN-WINの関係ができますので、ぜひ楽しみながら進んでいってください。

感謝の気持ちを伝えるといっても、コミュニケーションを苦手とする人が多くなっている時代です。しかしこれは慣れですし、やり慣れておくと、社会でも周囲の人とのコミュニケーションが取りやすくなります。家族間でコミュニケーションをスムーズに積極的に行うコツはさまざまにあります。ポイントは、家族それぞれの得意・不得意を受け入れ、リスペクトし合えるようになることです。特に子どもとの関わり方がカギとなります。

まず、子どもが小さいときからしっかりと受け入れて抱きしめてあげる、頭ごなしに理屈を押し付けない、差し迫った危険がない限り自由に動くのを見守ってあげましょう。先回りして指図をしないというような行動パターンを取ってあげることも、他人を受け入れる余地を作るチャンスになると思います。

また、家族の中で共通の趣味を持つことも貴重なコミュニケーションにつながります。例えばボール遊びやプール、親の趣味（サッカー、卓球、料理……）を一緒に楽しむ機会を多く持つことで、子どもも興味を持ち、家族で共有できるようになります。親とは違う分野に興味を持ったなら、親が勉強して話に興じましょう。そのときに注意が必要なのは、親が勉強したことを押し付けない、聞き役に徹する、コーチを信頼する（子どもを尊重してくれる人間かどうかは慎重に見極める必要がありますが）などで、下手であっても一生懸命したことは褒める、を徹底してください。

現代はスマホが手放せない時代です。情報過多と情報の偏り、どれが真実かフェイクニュースかの見極めが難しい状況に置かれています。そんな中でも、「人としてどうあるべきか」「人としてどう生きるべきか」という心の持ち方については、情報過多のスマホ時代といえども変わることはありません。

陽明学の教え、考えは普遍的なものであり、世の中の変化にも対応する力を持っています。それゆえ世の中の風潮に流されることなく、しっかり腰を据えて勉強してください。実践を積み重ねることでいろいろなタイプの個人を受け入れることができるようになり、あなたのアイデンティティが強固になります。

家族で親睦を深めるミニミニ卓球大会

ある日家内と娘が、どういうわけかミニミニ卓球台（写真参照）を買ってきたので、家族で卓球大会をすることにしました。メンバーは筆者と家内（共に70代）、子ども2人（40代、30代）の4人。

ミニミニ台なのでダブルスだと少々狭く、ドライブやスマッシュはできませんでしたが、うまく合わせられればカット打ちもできました。この不便さがかえって面白く、家族皆バカ受けで大いに盛り上がりました。

結局、組み合わせを変えて3ゲーム6セットを行いました。最後はへとへとになりましたが、夕食の鍋をつつきながら話が絶えませんでした。スマホをいじるよりもよほど楽しい時間が過ごせました。

私たちはミニミニ卓球大会をやりましたが、トランプでもカードゲームでもなんでもかまいません。ぜひ家族みんなで楽しんでみてください。きっと親睦が深まります。

⑥ お酒の席でアナログ情報を上手に得る

お酒による失敗には心当たりがある人も多いのではないでしょうか。私の周りにもいつも失敗談義を酒の肴にする人がいて、抱腹絶倒させてくれます。人はお酒が入ると注意が散漫になり、意識が集中できなくなりますが、一方で、酒の席だからこそ得られることもたくさんあります。

お酒を媒体にした人脈作りに長けるというのも、その人の長所であり特技であるといえます。作り上げた人脈は得がたいもので、いつのまにかその人を盛り立ててくれます。人脈から得られる情報は密度が濃いものであることが多く、重宝すると思います。なぜなら、デジタルな情報はその気になればＳＮＳから容易に得られますが、人づてに知るアナログな情報はなかなか得られるものではないからです。伝達のスピードは遅いのですが、一方でその人しか持っていない情報もあります。それゆえ、酒飲みの人は情報量が多いという一面を持っているのです。

お酒が入ると普段見られない一面を見ることができ、人との距離も縮まります。人脈はいつどのような形で生きてくるか分かりませんので、お酒の場でも、陽明学の考え方を忘れずに、コミュニケーションを重ねていきましょう。

⑦ やると決めたらやり切るための5つの心がけ

お酒を飲む飲まないにかかわらず、決めたことは最後までやり通すことが大切です。やり通した後のお酒は美酒となります。お互いに美酒を酌み交わしたいものです。

仕事や頼まれごとを引き受けたら、とことんやり切ることを第一に考えます。やり切るための姿勢について、5つのヒントを紹介しましょう。

(1) 覚悟を決める

・先方がやめてくれと言うまで続ける
・自分から投げ出さない
・人事を尽くす

・寝ても覚めても考える
・自分を採用してくれた人に恥をかかせない、と心に決める
・業務日誌をつけ、3カ月ごとに評価をしてもらう
・業績に貢献する

(2) 行動はいつも早めに起こす

・何をするのが正しいことか、行動をする前に心に自問自答する
・心に問いかけて思いついたら躊躇せずに行動する
・必ずPDCAで検証して、行動の良し悪しを確認する
・失敗したらお詫びはするが、言い訳はしない
・行動を起こすときに、周りに気配り目配り心配りをする

(3) 若い人の力になる

・支援を求められたら誠心誠意応える
・いつも自分の知見を総動員する

・何事にも出し惜しみをしない
・思い込みを排除し、丁寧に説明する

(4) 真の課題解決策を提案し、相手が喜ぶことをする

・何を求めているのかを真剣に考える
・お客様の、その先のお客様は誰であるかを考える
・優先順位の一番は何かを考える
・良い成果は人に任せて、さりげなく周りに目配り気配り心配りをする

(5) どこにいても自分の人間性を磨く

・所属する組織にとって良いと思うことを話し合いながら行い、独断専行はしない
・必ず実施後3カ月に一度評価をしてもらい、自分の伸びしろを確認する
・評価結果の処遇については、甘んじて受け入れる
・傲慢にならない
・謙虚に徹する

〈以下、人間性を磨く際の心構え〉

・「**徳は本《もと》なり、財は末《すえ》なり**」（出典：『大学』安岡正篤著「人物を創る」より）

人間としてやらなければいけないことを当たり前にできる、他人《ひと》を生かすことを本分と考えるなどという徳の発揮が先（本）であり、収入支出蓄えなどの財は後（末）である。徳のない利は貧貨に等しい、それゆえ徳を発揮することを最優先に考える教え。

・「**義の和が利である**」（出典：同じく『大学』）

義（人間としてやらなければいけないこと）を先に積み重ねることで、利は後からついてくる。だから「結果を恐れず、やらなければいけないことを進んでする」に徹することが大事であるという教え。

・「**日に新たなり、日々に新たなり、また日に新たなり**」（出典：同じく『大学』）

「この宇宙・人生というものは日夜創造変化し、常に停滞することがない。我々は常に自己を新しくして行かねばならない」という教え。

・「**意を誠にする。ゆえに至誠中心に考える**」（出典：同じく『大学』）

「〝意〟とは心のことで、大宇宙に通じる心は、常に誠意を持っていること。誠《まこと》にとどまるのを無意識にできるように意識することが大事という教え。

・「**随所に主となれば　立処皆真なり**」（臨済大師）

どこにいても自主性を貫けば、足の踏むところがすべて真実である。与えられた場所で、今に全力を尽くせば〝随所に主となる〟ことにつながる、というように受け止められる。

・「**事の外に立って事の内に屈しない**」（山田方谷著『理財論』より）

「マネージャーが現場の出来事に一喜一憂していては、全体を俯瞰できない。だから、上に立つ者は現場の出来事に関わるのではなく、事の外（現場から離れる）に出て大所高所から考えて指示を出すことが大事である」という教え。

やると決めたことをやり通すことは、リーダーには欠かせない資質であるとともに、セカンドステージにおいても大事なことです。そのためには以上の覚悟が必要ですが、毎日、これらを意識して取り組んでいけば習慣化され、次第に人間力がついてオーラが出てきます。ぜひ今日から意識してみてください。

第２章 まとめ

1　行動しなければ、知らないのと同じ。まず行動することが大事

2　思いやりは巡り巡って返ってくるもの

3　相手の意見を受け入れることが新しい展開を進める

4　好きなこと・得意なことをノートに記録しながら勉強する

5　家族への感謝を忘れず、密なコミュニケーションを取る

6　お酒の席ならではのアナログ情報を上手に得る

7　やると決めたら覚悟を決める

第3章

つまずきかけたときの「万物一体の仁」

失敗したり、降格した際に考えること、実践すること

「万物一体《ばんぶついったい》の仁《じん》」とは、草木・禽獣《きんじゅう》・人間を丸ごと受け入れて分け隔てのない世界を作る、というもの。あの人この人、まして男女の区別はなく、それぞれが尊重されリスペクトされる対象となり、受け入れられるという考え。そこには共栄の精神があり、二者択一を迫るという分断をあおるような対立の構図はない。

1 生かされていることに感謝し、前向きに考える

人生うまくいくことばかりではありません。筆者も以前仕事でつまずきかけたことがありました。ある会社のPDCAをチェックするため、毎月各部の部長と面談をしていたのですが、予算は達成していたにもかかわらず、第1四半期の面談が「中途半端である」と厳しいクレームがあったのです。自分ではやっているつもりでしたのでショックでした。夜中にハッと目が覚めて思い悩む日々が続き、思考散漫に陥って、いても立ってもいられない状態になったりしました。こんな状態に陥りながらも、「今にベストを尽くす」という陽明学の基本の教えを思い起こすことで正気を取り戻していきました。

まず大事なことは、つまずきかけても、つまずいても、自分は今かけがえのない経験をしていると思うことです。このつらい経験は、あなたのキャリアの中で後輩指導などのさまざまな場面で将来役に立ちます。そのために神様が与えてくれたケーススタディだとポジティブに受け取りましょう。人生に無駄なことはありません。むしろあなたはラッキーなのです。

② 失敗は次のチャンスへのステップ

まずは、なぜクレームが上がるほどのミスを犯したのか、自問自答しましょう。そのひらめきを改善点として捉えて、軌道修正していくことが大切です。良いことばかりではないのが人生で、喜びの山があれば必ず打ちひしがれて沈んでしまう谷もあります。このことをしっかり認識してください。あなただけでなく、同じように落ち込んでいる人はたくさんいます。だからケセラセラと笑ってやり過ごすことも大事なポイントです。次のチャンスは必ずやって来ます。そのときまでの辛抱です。

次のチャンスが来るまでの間、決して無理に頑張らないことです。無理を重ねると、必ずいつか壊れてしまいます。一度壊れると、修復には時間がかかりますので、無理に頑張らない、という気持ちを持つことがあなたを助けます。

③ 自分の心と対話し、「ありがとう」と唱える

先述した筆者が仕事でつまずきかけたときの話ですが、そのとき筆者は自分の心の中の聖人に、「なぜ」「どうして」と問いかけました。すると、思い出したのはその年の年賀状に「会社の勢いを大事にするために人事を尽くす」と書いていたことです。にもかかわらず私には人事を尽くすスタンスがなかったと気づき、原因が分かって気持ちがスッキリし、立ち直ることができました。

しかしいくら心に問いかけても何も答えが返ってこず、困ることがあります。そのときには何も考えずに、今日も一日無事に過ごせたことをお客様や家族、同僚に向かうつもりで感謝を込めて「ありがとうございます」と12回唱えてください。湯船に浸かっているときでもかまいません。気持ちが落ちついてくるはずです。「ありがとうございます、ありがとうございます」と唱えるだけで勇気が出てきます。勇気が湧いてこなければ湧いてくるまで唱えましょう！　**「ありがとうございます」は自分の脳への刺激**です。そして幸運の女神へのラブコールです。女神が微笑んでくれるまで呼びかけましょう。

そして、次のチャンス到来時には力を発揮できるように、英気を養う努力をしましょう。そうすれば運のほうからこちらに近づいてきてくれます。勝利の女神には前髪はあっても、後ろ髪はないといいます。へこたれたままでいて、チャンスの予兆を見逃すことのないようにしましょう。

4 降格人事への備えと心構え

つまずきの要因として、たとえば降格人事があります。サラリーマンなら誰しも直面する可能性がある問題です。本人は一生懸命やっているのにたまたま不祥事が起きたとか、業績不振の責任、本人の不注意などにより、ある日突然、人事異動で降格になるかもしれないと、常に想定しておくことも大切です。そういう事態になってからあわてても、ますます負のスパイラルに陥ってしまいます。そうならないために事前の心得として、次のようなストーリーを準備しておきましょう。

サラリーマンとして仕事をする上で大事なことは、①所属部署の目標数値を達成させる、

②部下あるいは後輩の育成指導――の2つです。これを踏まえて、降格後の身の処し方はどうあるべきかを考えました。

同じ部署内、他部署、関係会社等々、どこへ異動しても考え方は次のとおりです。

(a)自分の弱点を知り、新しい役職の目標数値を確認し、必達するストーリーを考えて実行する

(b)部下と後輩を知り、ひらすら聞き役に徹する。自慢話は禁句とする

(c)新しい上司の下で、自分がどういう立ち位置にあるかを確認する

(d)全体会議および部門ミーティングから会社の将来の動向に関する情報を収集する

(e)気持ちを切り替えて、「上司を支える役割に徹する」を心得とする

特に、上司との関係性については、あくまでも「引き立てる」ことを考えて行動し、自分の立場を超えないように注意します。部長から課長、次長から課長というような降格で、往々にして降格した立場の人が配属先の上司より先輩であったり、過去の実績が優れていたりする場合も多いものです。このとき、降格者の立ち位置は微妙ですが、降格者は進ん

で上司を立て、盛り立て役に徹することが肝要です。降格したあなたの懸命な仕事ぶりを周りの人は見ていますので、いずれあなたは上司に引き立てられるでしょう。

異動先で仕事ができるようになったのち、上司の了解を取りながら少しずつ部下の育成に取り組みましょう。当面するべきことは次のとおりです。

・下仕事、下準備、雑用を進んで行う
・こまめな「報連相」に徹する
・指示を受けて行った仕事は、結果を忘れずに報告する
・部下や後輩から仕事の相談を受けた際は、結論を伝える前に上司とすり合わせをする
・上司がやってほしいと思うことをする
・部下の育成には、自分の失敗を振り返って細心の注意を払う。自慢話はしない
・部下や周りの人の話に耳を傾け、受け入れる。傲慢にならない
・部下に考える習慣を付けてもらうため、先回りして指示を出さない
・良い成果は上司に渡し、失敗は再降格の恐れもあるが勇気を持って自分がかぶる
・再昇進はハードルが高いと心得て、あせらずコツコツと実績を積み上げる努力をする

以上を心得て再出発すると、つまずきの被害を最小限に抑えられるでしょう。縁の下の力持ち的役割を理解して仕事を再構築すれば、予想以上にスムーズに進みます。それはつまずきから人生の宝物を得られる、またとないチャンスにめぐり合ったことになるはずです。あなたは自分を強運の持ち主だと思ってください。

⑤ やる気が起こらないときの英気を養う方法

仕事を続けていれば、だれしも気持ちの山と谷が交互にやってきます。張り切れるときはいいのですが、どうにもやる気が起きない場合はどうすればいいでしょうか。筆者が心掛けている方法をご紹介します（図6）。

▼体を動かさずに精神的に疲れた状態では快眠できないため、あえて体を動かす
▼習慣的に体を動かすと体内のリズムが良くなり、老廃物の排出がスムーズになる場合がある

図6　やる気が起きないときに英気を養う方法

①適度な運動として、一日5000歩以上を目標とし、散歩の歩調とスロージョギング（歩くより早いスピードのジョギング走法）を3分ごとに相互にする「インターバル走法」を行う

②夕食の後、寝るまでの間に好きな音楽や落語や漫才を30分だけ聴く

③毎日1時間は、強制的でも自分の好きなこと、興味のあることを勉強する

④毎日1食は、栄養バランスがいい食事をとる

⑤パートナーに愚痴を聞いてもらう

⑥入浴では、ぬるめのお湯に10分ほどゆったり浸かる
⑦楽しいことを思い描きながら寝る
⑧いつもどおり、定刻に起きる

以上のとおり、「食べる、寝る、歩く」を基本にして生活のリズムをしっかり刻むことで、元気なときのように英気を養うことができます。

勝利の女神を捕まえるためには、英気を養い、善いことを積み重ねて気持ちをポジティブにしておくことが何より大事です。生かされているかぎり、飛躍できるチャンスがあるのです。勇気を持って前進して行きましょう！

⑥ 自分の存在は今という一点のプロセス（経過）だけ

気分がへこむときの原因の第一は、新入社員であれ管理職であれ、「良い結果を期待されている」と考えて、自分で答えを出すのに汲々《きゅうきゅう》としてしまうことです。期待値と現状の

ギャップだけを見て、自分で勝手に落ち込んでしまっているのが実情だと思います。結果を上げることのみに意識を注いでいると、途中経過の分析がおろそかになります。

結果は、一つひとつのプロセスの積み重ねから出てくるものです。時間が経てば自動的に結果が出るというものではありません。

毎日の行動はプロセスの連続です。課題解決のために、現在に全力を投入して積み重ねていけばいいだけなのですが、自分で自分を追い込んでしまって周りが見えなくなり、プロセスの連続であることを忘れ、すぐに成果が表れなければならないと思い込んで、自分で落ち込んでしまう場合が多いと思います。

あなたにできるのは、結果の良し悪しを考えず、今やっている目の前の一つひとつのプロセスに最善を尽くすことだけです。原因と結果はあとで結びつくものなので、あなたが悩んでどうかなるわけではありません。あなたは〝今〟しなければならない仕事に集中し、最善を尽くす。ただこれだけです。**原因と結果に固執せず、〝今〟以外のことで思い悩まない。**これが自分自身を見失わないために大切なのです。

自分が置かれた現在の地位や立場を超えない

社会通念上、仕事においては自分の地位と立場を認識することが第一です。係長であれば係長の、課長であれば課長の職責があります。それ以上でも以下でもない振舞いと職務を守り、矩《のり》（規則・ルール）を超えないことが重要です。

逆に言えば、自分の地位、立場以上のことはしなくてもいいということです。思い悩む必要はありません。前節で指摘したように〝今〟に集中することが大切で、地位・立場以上のことについて思いわずらう必要はありません。考えてみれば、これはしんどいときには願ってもないルールですので、積極的に活用しましょう。無理に背伸びをすることもなく、やれる範囲でやればいいのです。

しんどさを抱えてしまう人は、真面目さゆえに自分の身の丈以上の責務を背負う傾向があり、不相応になってしまうのです。「自分ではここまでが精一杯」という、自分の身の丈を自覚しましょう。つまずきかけたときほど忘れがちですが、身の丈に思いを及ぼすことが自分を守る近道です。

⑦ 力の及ばぬ仕事に思いを巡らさない

つまずいたとき、頭の中は真っ白になりかけます。そうすると、普段であればそれほど気にならないことをあれこれと気にするようになり、肝心なことがおろそかになるという、注意力散漫な心境に陥ります。

平常であれば考えない「力の及ばないこと」について責任を感じ、自らを責める状況に自分を追い込んでしまいます。

つまずきかけているあなたに、ぜひやっていただきたいことがあります。

(1) 一歩下がって状況を見つめ、「普段なら、こんなことで思い煩わない」と言えるのであれば、思い巡らしていることを振り払ってスルーしてください。

あなたがスルーしたからといって、あなたを責める人はいません。なぜなら、初めからあなたにそれを期待していないからです。世の中はそんなものです。期待されていると思うのは本人だけで、そのことであなたが立ち行かないほどダメージを受けて悪戦苦闘して

第3章

いるのに、周りはほとんど無関心です。冷静に周りを見回してください、深刻に悩んでいる自分がばからしくなります。そこに気がつくと「アッ、やっぱりそんなもんか！」とすっきりします。

その冷静さがあなたを救います。「いい経験をした」程度に受け取ってください。

⑵他人が喜んでくれることを進んでしましょう。自分がしんどいのに他人のことまで考えられない、と思われるでしょうが、自分がしんどいときにこそ、自分より困っている人のために一肌脱ぐ行為があなたのステージを上げ、あなた自身を救うことにつながります。

8 心の中の非常ベルを止め、うまくいった場面をイメージする

つまずきかけたときに「うまくいったイメージ」を持つのは難しいかもしれません。そのようなときは、以前にうまくいったことを思い出して静座してみてください。

あんなときもあったのだから「これくらいのことは大丈夫。なんとかなる」と自分に言

い聞かせ、気持ちを落ち着かせてみましょう。そして心の中の非常ベルを止め、「うまくいく。なんとかなるさ」と連呼していると平常心に戻ります。そうしたら次はうまくいく方法をシミュレーションして、「うまくいく、うまくいく……」と自分に言い聞かせてください。本書を手に取ったあなたなら必ずできます。

また、つまずきかけて、周りや自分に対して不満でイライラする場合があると思います。そんなときは、心に溜めずに雑記帳（そのものズバリ「イライラノート」）に書き出しましょう。不安や悩みを書き出すことで心が軽くなり、大きく落ち込むのを防ぐことができます。

そのとき同時に、うまくいったことなども書き留めておくと、自分に自信が持てることにもつながります。良いことと悪いことを書くことで負の連鎖を断ち切り、ポジティブな生活スタイルを取り戻しましょう。

⑨ バランスがとれた食事は心にとっても重要なエネルギー源

健康の源は食事です。

農林水産省が提案している「食事バランスガイド」という指針をご存じでしょうか。このガイドは食事を「主食・主菜・副菜、牛乳・乳製品・果物」に分け、構成しています。

また、素人でも気をつけていれば五大栄養素（炭水化物・脂肪・タンパク質・ビタミン・ミネラル）は、バランスを考えながら摂ることができます。

バランスのいい食事は、心にとってもとても大切なエネルギー源であることを忘れないでください。

つまずきかけたりすると心に変調をきたし、生活習慣にも少しずつ負の連鎖をもたらします。負の連鎖は、食事の好き嫌いが極端に偏ったり、挙げ句には投げやりで食事の時間や回数が不規則になって表れ、摂食障害に陥ることもあり得ます。

食事の管理については、パートナーの方ともども、消化の良い物、またタンパク質、脂質などの栄養バランスを考えた内容を考慮してください。

つまずきかけたタイミングでの良質な食事は元気を引き出し、落ち込みからの回復を内から支える力になります。

せっかく食事の改善に取り掛かるのですから、前述した山岸先生の著書『老けない人は何が違うのか』を参考にされることをお勧めします。

栄養の管理もさることながら、食事の際の会話も大切です。筆者は、気ごころの知れた間柄でたわいのない話をしながら食事をすることの大切さをコロナ禍で教えられました。

つまずきかけた人を交えて、ゆっくり会話をしながら食事をするのは、二度と来ないめぐり合わせかもしれません。そういう捉え方ができると、つまずきも小さな挫折として、いい意味での人生経験の一つになります。経験は将来、後輩にアドバイスできるいい材料になると受けとめることもできるでしょう。

⑩ つらいことや悩みをパートナーに日々話しておく

前々節で、「イライラノート」を作り、不満や悩みをこまめに書き出すことを紹介しました。それと同時に、パートナーに日々の悩みを率直に話して聞いてもらうことがストレスの発散につながります。

心のうさを気持ちよく話せる相手がいるのはとても幸せなことです。心から感謝しましょう。ここでも「○○さん、話を聞いてくれてありがとうございます。ありがとうございます……」と心を込めて唱和しましょう。

イライラを書き出す、話を聞いてもらう、この2つのことができればあなたの悩みは小さいものになると思います。書くこと、話すことでつまずきかけた問題の解決の糸口が見いだせることは多々あります。イライラを抱え込んでしまうのではなく、不満が大きくなる前にパートナーに話すことを、ぜひお勧めしたいと思います。

パートナーは、あなたをリスペクトし、悩みに対しては共同歩調をとってくれる同志です。あなたの悩みを自分のこととして受け止めてくれるはずです。悩みを共有することで、あなたの心の負担も軽減されます。解決策を求めるのではなく、話を聞いてもらう。ただそれだけでいいのです。パートナーに話すことには悩みを整理できる効果があります。

一方、パートナーの役割は、話し上手より、聞き上手に徹すること。立場が逆になった場合、それを心得てください。寄り添うスタンスで相手の目を見て、「受け入れる、同調する、あいづちを打つ」。安易に「がんばって！」とは言わず、話し終わるまで聞くという辛抱が必要です。

本人がつらい状況のとき、パートナーができること

①日ごろの会話の中で「あれ!」「……?」と思うことや日常生活を注意深く観察し、普段と違う行動を察知するなどして予兆を感じとる。

②落ち着いているときを見計らって話しかけ、徐々に語り始めたら口を挟まず最後までしっかり聞いて、〝そう。我慢も限界よね、辛かったね!〟と寄り添いましょう。「がんばらなくていい」という考え方が肝要です。

③手を握る、抱きしめる、肩を寄せ合う。

④市町村に電話するか、市町村のホームページで調べて相談所を探し、同行して早期対応のアドバイスを受ける心づもりをしておく。

⑤休みの日にはできるだけ太陽に当たるよう外出し、気分転換を図るようにする。

⑥邪魔をせず、一人にさせない。本人の好きな話題について適度な会話をするが「それからどうした?」くらいの開放的な質問にとどめ、「どうして○○しなかったの?」という詰問あるいは高圧的な質問はしない。

⑦バランスのいい食事と、適度な運動を伴う外歩きによって、良質な睡眠を確保する。

⑧気分転換を兼ねた外湯（銭湯・スーパー銭湯・温泉）や小旅行。

11 公的な心の相談窓口をためらわずに利用する

行政の相談窓口は、市区町村役場に電話で問い合わせるか、ホームページで調べてみましょう。普段は気がつきませんが、いじめや不登校、引きこもり、発達障害など、さまざまな悩みについての相談窓口が開設されています。心に変調を感じたら、早めに相談してみましょう。問題が小さいうちに解決できる可能性もあります。悩みが小さいうちに相談すると、回復も早いはずです。

また、心療内科や精神科などの医療機関を紹介されたらためらわず早めに受診し、医師に相談されることをお勧めします。精神科と心療内科の違いも相談窓口で聞いてみてください、親切に教えてもらえると思います。

第3章 まとめ

1 生かされていることに感謝し、前向きに考える
2 失敗は次のチャンスへのステップ
3 自分の心と対話し、「ありがとう」と唱える
4 降格人事においても、目標数値の達成と後輩の育成指導を忘れずに
5 やる気が起こらないとき、あえて体を動かす
6 自分の存在は今という一点のプロセス（経過）だけ
7 力の及ばない仕事に思いを巡らさない
8 心の中の非常ベルを止めて、うまくいった場合をイメージする
9 バランスがとれた食事は心にとっても重要なエネルギー源
10 つらいことや悩みをパートナーに日々話しておく
11 行政が開設した心の相談窓口をためらわずに利用する

第４章

顧客や同僚を思う心で「善事即行、即時改善」

相手のためによいと思ったことはすぐに実践する

「善事即行《ぜんじそっこう》、即時改善《そくじかいぜん》」とは、「相手のためによいと思ったことはすぐに実践し、間違ったと思ったらすぐ改める」という意味。陽明学の教えにより、自分の損得勘定を入れずに実行することが大切です。

1 元気がない同僚に気づいたら昼食に誘い、話を聞く

対象 50代・60代

最近なんとなく元気がない同僚に気づいたら、それとなくランチかコーヒーに誘って近況を聞いてみましょう。元気のなさの原因を知ることができれば、フォローしやすくなります。特に若い同僚の場合、落ち込んでいても誰も声をかけてくれないのはそれ自体がショックなことです。「自分がここにいること自体に価値がないのではないか」などと自己嫌悪に陥って、さらに落ち込んでしまいます。

このため、早く声をかけ、話を聞く、これが大切です。悩みがまだ軽微なときに声をかけて話を親身になって聞くだけで解決することは少なくありません。年長者のアドバイスで、以前のように楽しく過ごせる日が戻ってくることがあります。その場合、以後の信頼関係は強いものになります。

損得を考えず、他人のことを優先し、自分のことをあと回しにする気持ちで周囲へ気配り目配り心配りし、変化を察して話しかけるとコミュニケーションがはずみます。そうす

ると、早め早めに対応でき、悩んでいるメンバーが落ちこぼれないようフォローすることができます。**シニアとして、自分のことより他人のことを気遣う**のがポイントです。特に、若い人に対しては今までの経験がモノをいうはずなので、自慢話は横において、積極的に声をかけて傾聴してあげてください。

以下は、少しの偶然が若者の背中を押すことになった話です。

筆者はいまから4年ほど前、人口が減少している地方都市の活性化のイベントとして企画されたモニターツアーに家内と二人で参加しました。

モニターツアーから帰宅した翌日、職場で話をしていたら、興味を示す若者がいたので、誘って昼食を共にしました。ツアーの話は少しにして、本人が職場の悩みを話し始めたので、そちらを重点的に聞きました。店舗になじめなかったこと、異動してきて間もない今も苦労していることを正直に吐露しました。

その日をきっかけに、つまずきかけた若い職員との交流が始まり、ランチや飲み会を共にして話を聞くチャンスを増やしました。

とりとめのない話を交えながら仕事のやり方などについて、分かる範囲でアドバイスをすることもあり、本人は少しずつ仕事の楽しさを覚えて元気になっていきました。その後、各フロアのあちこちで仕事に励む姿を見て、これなら大丈夫だと思えるようになった頃、彼女ができたことを初々しく話してくれました。お互いのほどよい距離感を保ちながら、つながりは今も続いています。彼は近々、挙式を予定しているそうです。

何がきっかけになるか分かりませんが、シニアのほうから積極的に話をすることの大切さを知りました。思いを受け止めて聞くだけですが、コミュニケーションを重ねることで若者の新たな出発を応援することができた事例です。

② 相手にとって「善い」と思うことはすぐに実行

対象 50代・60代

前節の、元気のない同僚にすすんで声をかけるということも善事即行の例ですが、ほかにも善いと思うことはたくさんあります。

いつも、**他者に対する目配り、気配り、心配りに気をつけていると、善いと思うことが**

自然に浮かんでくるようになります。その思いをすぐに実行しましょう。

筆者がスーパーに勤めていた際の、こんな事例があります。

隣の部署の社員と話をしていると、その人の息子さんのT君がある店舗に勤めていることが分かりました。異動によってその店舗勤務となったのですが、異動の理由は前の店舗に馴染めなかったことが要因でした。

筆者は外回りをするときに、T君がいる店舗に足を運び、それとなく話をするチャンスを作りました。そうこうしているとき、店舗ごとで勉強会を開催することになり、T君がいる店舗の店長に話をして対象店舗になってもらいました。勉強会は5回開催し、3回目まではそのつどさりげなくT君に声をかけ、質問をして盛りたてました。4回目には、T君は自ら率先して会場の設営や発表、後片付けを手伝ってくれました。最終回の際、店長はT君の努力を評価してくれ、彼を名指しして褒めました。T君はとても喜び、親御さんである隣の部の社員からは丁寧なお礼の言葉をいただきました。

このようなことはときどきあります。シニアのあなたの気配り、目配り、心配り一つでいろいろな展開に発展することがあり、うまくことが運べば、人間関係が強固になります。

体年齢にご注意

こんなことがありました。若い女子職員が伝票の入った段ボールケースを書庫から取り出して、隣棟の2階にある保管庫へ移す作業をしていました。その女性がシニアの男子職員に重たい段ボールケースを書庫から取り出す手伝いをお願いしていたので、私もついでに手伝うことを申し出て3人で作業をしました。

最後に運ぶケースが一番重かったのですが、私はエイヤーと気合を入れて持ち上げました。その結果、その日から1週間、整体に通うはめになったのです。自分の身体年齢を考えず、勢いだけで作業したことが敗因です。しかし、大事に至らずなによりでした。

すぐやる姿勢は大切ですが、シニアにとって、肉体的な作業にはときに落とし穴があるので気をつけましょう（笑）。

③ コミュニケーションの断絶を防ぐには

対象 50代管理職

よくあることですが、「これぐらい、言わなくても分かるだろう」と高をくくってスルーしたときに限って話が通じておらず、問題が発生します。このとき生じた問題を解決するのに相当なエネルギーを使ったという苦い経験をされたことがだれしもあると思います。これは先輩、上司のおごりからくる失敗です。特に部下を指導する際に発生するのが、言葉足らずの指導です。

コミュニケーション不足といえばそれまでなのですが、この言葉足らずこそ不必要な混乱を招く基になり、コミュニケーション断絶の原因ともなり得るものです。コミュニケーションの断絶は、人間関係の崩壊を意味します。

ベテランは、習慣として身についていることは新入社員や後輩もすでに理解し、分かっているだろうという思い込みを持つ傾向があります。作業指示を出す場合にも「当然知っていて当たり前だ」という認識があり、「そういえばこのことを先週話した。そのとき、うなずいて聞いていた」という事実を思い出して、気ぜわしく言葉足らずの言い方になってしまう。後輩が「うなずいて聞いていた」と受け止めていた行動は、実は後輩は理解していないにもかかわらずうなずいていたというようなことも少なくありません。

先輩は後輩の目線の高さに合わせて、理解できる言葉で指導することが重要です。「上から目線」は後輩のモチベーションを損なうことになります。若者世代の価値観を自分の後輩から学び取って理解するいいチャンスなので、しっかり意見交換をするという気持ちをもって部下を指導してください。後輩をリスペクトすることで、先輩が得るものも多い指導になると思います。**丁寧で過不足のない言葉遣い**こそが、円滑なコミュニケーションの促進を支援します。

先輩になっても、肩書きが偉くなっても、若い頃と同じように元気な声で自分のほうから先に言葉を出しましょう。あなたが率先して言うことは、組織の中において気が付く人は気が付きます。それは、当たり前のことが当たり前にできる組織になるための第一歩になるのです。「たかが挨拶、されど挨拶」。身をもって毎日挨拶を示すことは、百の言葉を弄して挨拶をする気持ちにさせる努力をするより、よっぽど強い動機付けになります。それゆえ、手始めに上司が「今後自分から先に挨拶をする」と心に決めて始めてみてください。1週間もすれば部下の反応が良くなり、職場は変わり始めます。これこそ「まず隗《かい》よりはじめよ*！」です。

＊隗よりはじめよ――「大きな計画を成功させるには身近なことから着手せよ」の意。転じて、「ものごとは言いだした者がやり始めるべき」との意味もある。

挨拶・お礼・お詫びは先輩から率先して言う

人間は先輩になり、肩書きが偉くなればなるほど「挨拶・お礼・お詫び」のタイミングが遅れがちです。それは、挨拶やお礼は年の若いほうから、お詫びはできるだけ自分から言いたくはないと無意識に判断しているのかもしれません。心に染み付いた長幼の考え方などが邪魔をするのだと思います。

挨拶・お礼・お詫びは、自分から先に言うこと。これを率先して実践してください。自分が年上であるとか、肩書きが上であるということは関係なく、早く気がついたあなたが先に言うことでコミュニケーションが円滑に進むなら、それをよしとしましょう。肩肘張ったものの考え方ではなく、型にとらわれない考え方が陽明学の思想に通じます。

4 新聞はハサミを片手に読み、同僚や知人に切り抜きを渡す

対象 50代、60代および管理職

新聞や雑誌などを読むとき、ハサミを用意してください。

「この情報はぜひあの人に知らせたい」という記事がいくつか見つかるはずです。

筆者はある時期、新聞の切り抜きをせっせとして、記事に興味がありそうな支店長や担当者に届けることを続けていました。中には、それを部下に回覧してくれる支店長もいました。

ある日、ローカル雑誌の経済欄を読んでいたとき、「段ボール市況」の記事が目に入りました。その記事を切り抜いて、手広く段ボールを扱っている業者に届けました。その社長は記事を2度も読み返し、「こんな記事どこで見つけてくれたの？　ありがとう、参考になります」とお礼を言ってくれました。そして、次に伺ったときに美味しいコーヒーをご馳走してくれたのです。

切り抜き提供を続けていると、年に数回ほどはジャストタイミングな情報提供として喜

ばれることがあります。皆さんも、切り抜きをして適切な方に届けてあげてください。

水の泡のように浮いては沈むSNSのニュースソースの中から記事を選ぶよりも、例えば今日の新聞の切り抜きを持って行き、「業界の流れはこういう記事に象徴されるので、与信管理を今まで以上に丁寧に進めることをお願いします」と言えば、切り抜きが確かな証言を示すものとなり、効果は絶大です。**デジタルの時代だからこそ、アナログ（紙）の切り抜きには価値があります。**

情報の正確性と信頼性では今でも新聞が首位

日本新聞協会は2023年1月19日、「全国の15～79歳の1200人を対象とした昨年9月～10月の調査で、メディア別の印象や評価を複数回答で聞いたところ、新聞の情報が正確であると答えた人が最も多かった」という調査結果を発表しました。

◇情報の正確さと信頼性は新聞が全メディア中トップ

各メディアの印象・評価で、新聞は「知的である」（60・3％）、「安心できる」（49・9％）、「情報が正確である」（47・3％）、「情報の信頼性が高い」（45・5％）、「教養を高めるのに役立つ」（45・3％）として、全メディアの中で最も高い評価を受けています。「情報が整理されている」（43・6％）、「地域に密着している」（41・8％）、「中立・公正である」（31・8％）という項目でも最高の評価を得ており、新聞はさまざまな情報を偏りなく得られるメディアとして受け入れられています。「就職活動の重要な情報源」（35・3％）、「仕事に役立つ」（34・8％）として、学生やビジネスパーソンにも活用されています。

◇インターネット上でも最も信頼される新聞の情報

インターネットで入手するニュースの提供元については、32・6％の人が、「必ず確認する」「たいてい確認する」と回答しており、情報の信頼性を重視する傾向があることが分かります。「記事の提供元が新聞社」の情報を「よく見る」「たまに見る」との回答は51・1％で、インターネット上でも新聞が読まれていることが分かります。

また「記事の提供元が新聞社」の情報については、「信用できる」「どちらかというと信用できる」との回答が54・7％に上り、全メディアの中でトップの評価を得ています。新聞社発のニュースは、インターネット上でも最も信頼できる情報として、最高の評価を獲得しています。

⑤ 喜んでくれることはすぐに実行する

対象 60代

業務外の歓送迎会の幹事や同窓会の世話役も、自分の損得勘定を入れずに引き受けることをお勧めします。

筆者も若いときには、会社の歓送迎会、忘年会の幹事を何度もやりました。会社の幹事は業務命令で指名することもできるのですが、プライベートな集まりの世話役は時間と少額の費用の持ち出しがあっても、見返りはありません。手間暇がかかるので進んで引き受ける人もなく、クラス会などはたいがい計画半ばで消滅してしまいます。

そんな筆者の小学校5、6年の同窓のクラス会はいまだに続いています。決められたわけではないのですが、筆者は毎回世話役を引き受けています。最近は新型コロナウイルス感染の関係でたまに連絡をして少人数でお茶を飲む程度ですが、「コロナが終わったら、安否確認のためにクラス会をしようぜ！　また連絡してくれよ」と言われて別れるのが常となっています。小学校卒業後、なんと65年超も続いているクラス会です。

私は中学を卒業したのち、全寮制の学校に進学しました。毎年100人が全国から集まりましたが、6年で廃校になりました。松山市近郊在住の5、6回生10人弱が、年に一度寄り集まるのですが、同窓会の連絡役は私が担当しています。開催をサボっていると仲間から連絡が入ります。会って話すのはたわいもないことですが、小学校のクラス会同様、安否確認を兼ねた気楽な集まりとして60年ほど続いています。

両方とも、最後の一人になるまで続けようと考えています。

小学校のクラス会、全寮制学校の同窓会、いずれも毎年コツコツ連絡を取りあって、会う段取りをこまめにすることが、お互いの元気につながることと信じてやっています。

損得を考えていたら、世話役はできません。そして手間暇を惜しんでいては集まるチャンスを逃してしまうだけになり、クラス会も同窓会も消滅します。滅私奉公の精神、これこそが陽明学の教えの一つである「無私の心」に通じます（次章で解説します）。私利私欲がある場合、公正な判断ができないということになるので、**マネージャーにとって、無私の心は身につけておかなければならない大切な要件です**。特に、利害や損得が絡む場合、自分に不利な状況になったときには人間誰でも身びいきになるものです。人の情として、自分にかかる損は思わず避けようとします。ですので、上に立てば立つほど身辺を綺麗にして、後ろ指をさされないように心がけましょう。公平さが曇るのが一番避けなければいけないことで、それは人間のあるべき姿として守らなければならない大事な規範です。

あなたも進んで会社の世話役を引き受けてはいかがでしょうか。ビジネス現場における無私の心は、強力な武器になります。

⑥ コミュニケーションは相手の話を傾聴することから始まる

対象 50代、60代及び管理職

お客様に喜ばれることをすぐしてください、といきなり言われても、顧客の顔を思いおこすだけで、何をしたらいいのか見当がつかないという方も多いと思います。

思いつくためには、日頃のコミュニケーションの取り方が大事になってきます。

訪問して面談しても、仕事の話だけで終わってしまっていると面白くもおかしくもありません。そのお客様の家族構成や学歴あるいは職歴、趣味などについては、時間をかけて収集しないと肝心な情報は集まらず、役に立つことにはなりません。何気ない会話の中で家族構成やプライベートなことを教えてもらえたりするのは、たとえ自慢話であっても、こちらが興味を持って聞く姿勢を示すからなのです。

コミュニケーションは、自分がしゃべるのではなく、相手の話に興味を持って傾聴することから始まります。その一環として、相手は大事な話をしてくれるのです。これはとても重要なポイントです。

スーパーの新店舗を開設するために地主さんと土地の交渉をしていたときのことです。話がこう着して何度足を運んでも糸口が掴めず、ほとほと困っていました。気分を変えるため、美味しいと評判の店のケーキを持参し、奥さんを含めて3人で食べました。奥さんが「ここのケーキ、美味しい！」と言われて筆者が思い出したのは、娘さんの誕生日が近いということでした。

誕生日の前日、4人分のショートケーキを「誕生日のお祝いです」と言って渡しました。その次に伺ったとき、いつものようによもやま話をしようとしたらいきなり、「これくらい出せるかなぁ？」と言うのです。まさかの価格提示に、思わず「決済もらってきます！」と、そのまま会社に戻って上司の承諾をもらい、とんぼ返りで地主さんに返答し、翌日には契約に結びつきました。

契約締結のあと、「あのとき、何があったんですか？」とお聞きしたら、「あのケーキよ」との返事。交渉を開始してから、伺うたびに何気ない世間話をしていました。いろいろな話を聞いてきた中で娘さんの誕生日を知り、それと奥さんのお気に入りのケーキが結びついて、かたくななご主人の胸襟を開かせたのでした。

7 「出迎え3歩、見送り7歩」の精神で顧客と接し、リピーター客を増やす

対象 50代管理職

第1章でも取り上げた「出迎え3歩、見送り7歩」は、お客様を接待するときの心構えとして言い伝えられている言葉で、「出迎えより見送りのほうのウェイトが大きいですよ、お見送りをしっかりしなさい」という意味です。

どういうようにしたらしっかりしたことになるかというと、お客様が玄関を出て帰られ

図７　見送り７歩の気持ちが大切

るとき、通りの向こうにお客様の姿が見えなくなるまでお見送りする、というくらいです（図7）。

お見送りは大切です。お客様がそのことに気付くとか気付かないとかではなく、心をこめてお見送りをする。ビジネスの現場においてもこの姿勢は、お客様が良い余韻にひたって帰ってもらうために心しておきたいことの一つです。

筆者が知る範囲ですが、気配りのできる金融機関の支店長や福祉機器製造販売会社の社長はじめ従業員の方々も見送り7歩を実行されています。

大事なことは、お見送りのためのお見送りをするのではなく、来ていただいたことへの感謝、気持ちよく商談できたことへのお礼、また機会があったら来ていただきたいという気持ちです。そして、どうぞ無事に帰ってくださいという祈りが込められていることに意義があります。

見送り7歩の気持ちこそ、個人や企業を強くします。**お互いをリスペクトし合えるから信頼関係が芽生えます**。信頼関係が強くなるほど、社会に貢献する力を鍛えることになります。「出迎え3歩、見送り7歩」は、リピーター客を増やすための基本の心得です。

8 中一の「数学」が部下育成の役に立った、目からウロコの話

対象 **50代管理職**

あるとき、異動により若手社員が筆者のもとにやって来ました。

交渉ごとが多い仕事でしたが、いつも真面目に取り組み、お客様の受けもよく、なにごとも安心して任せられる部下でした。その彼が社内試験を受け、連続3回不合格になったのです。よくよく原因を聞いてみると、「数学がからきし駄目なのです」とのこと。それ

までの先輩たちもいろいろ手を尽くして教えていたようですが、基礎が全くできていないのでいくら説明してもらっても理解できないということが分かりました。

そこで、基礎を習得するために、思い切って中学一年生の数学の教科書を入手し、初めから勉強し直すことにしたのです。私と一緒に出張することが多い仕事でしたが、出張の際には必ず教科書を持って出かけ、昼食のあとはテキストを開いて練習問題をたくさん解きました。クルマで出かけるときは私が運転をして、部下は助手席で問題を読み上げて、回答をそらんじるということを繰り返しました。ホテルに宿泊した際は、夜遅くまで練習問題に取り組みました。

そんなことを半年も続けて地道に勉強した結果、教科書の練習問題がよどみなく流れる水のように解けるようになり、本人は自分のことながら驚いていました。そして徐々に自信が持てるようになって、次の試験でめでたく合格することができたのです。合格して以後、自らの行動に自信を持ち、仕事も順調にはかどるようになり、その結果昇進し、私のもとから立派に巣立っていきました。

社会人になっても、必要であれば中学一年生まで立ち返るという発想。その柔軟性が功を奏したという事例です。

第4章 まとめ

1 若い同僚が落ち込んでいたら、早く声をかけて話を聞く

2 相手にとって「善い」と思ったことはすぐに実行する

3 「言わなくても分かるだろう」と考えるのは先輩・上司の傲慢の表れ

4 新聞はハサミを片手に読み、同僚や知人に切り抜きを渡す

5 歓送迎会の幹事は、自分の損得勘定を入れずに引き受ける

6 コミュニケーションは相手の話を傾聴することから始まる

7 「出迎え3歩、見送り7歩」の精神で顧客と接する

8 できなければ、基本に立ち返って学習する

第5章

決定や判断は「無私の心」で

自分の感情を交えず、誰もが働きやすい職場づくりに貢献する

「無私《むし》の心《こころ》」とは、色を好み、財貨を好み、名誉を好むなどの私欲を抜き去り、名誉や対価を求めず、他人のためにひたすら尽くす行為。私的な感情にとらわれたり、利害の計算をしたりしないこと。

1 物事を決めるときには、自分の好き嫌いや損得を入れない

対象 50代

ビジネスの現場においては、物事を決めるときにAにするか、Bにするか、あるいはCを選ぶかという取捨選択を求められることがよくあります。

そのとき自分の思いが先に立つと、往々にして「自分の好き嫌い」「自分にとって損得がどうか」あるいは「自分に対して忖度をしてくれるかどうか」などを判断の基準にしがちです。お分かりのように、これを優先して意思決定を続けていくと、周りから「あの人は自分のことしか考えない人」という目で見られてしまいます。

周りから「比較的公正な意思決定をする人」と受け止められるための一番目の選択肢は、「お客様が喜んでくれる」のはどれがよいかを考えることです。

その次に、会社にとって、すなわち自分の業績を上げるためによい方法を選びます。

そして社長の想いであるとか、上司の考えを忖度することになります。この項目が一番初めになることも時々あります。

お客さんが喜ぶ事・方法と、会社（自分の業績の確保）が喜ぶこと・方法、この間の接点においてどのように折り合いをつけるかということがあなたの課題であり、力量と人間力が問われることになります。自分の思いが先に立つということだけは避けたいものです。

「自分の好き嫌いや損得を入れない」だけで、後の「運氣」がよい方向に変わります。

そういうことをいろいろと考察して行き着くところは、私情を離れて大所高所から判断できる、「自分の好き嫌いを入れない」点が重要なポイントになるということです。

重要であるということは分かっても、これを日々どういうふうに使うのかという疑問があるでしょう。

例えば〝100円均一大会の販促〟についての会議があったとき、いろいろな意見が求められます。そのときあなたは、一瞬でもいいので「お客様のためには何が一番いいのか？」というただその一点に集中し、思いを巡らせてください。そうして導き出された答えが、あなたが蓄積してきた知見を総動員した答えですので、自分の意見として発表してください。間違えたり、ピントはずれになった答えであっても心配いりません。間違えたからといって、とがめる人はいないはずです。それよりも行動を起こして間違えたという事実は、あなたの知見の中に大事なプラスマイナスのデータとしてしっかり組み込まれます。この成功と失敗の事実の積み重ねが、次の課題解決のときに役に立つのです。口に出すという行動が伴った成功あるいは失敗を経験することこそ、本物になる近道です。

第1章5節で、筆者がスーパーの小型店の店長として売上高を最盛期に戻した経験を書きました。その際、ベテランの係長が言わんとするところを汲み取り、一瞬のひらめき（知見との照合）ですぐに実行したスピード感が「好き嫌いで決めない」に通じます。

経験を何度も重ねることが大事です。一瞬に凝縮された無私の心で発言すること、その繰り返しを明日からすぐ実行してください。**意識して「無私の心の意思決定」を行っていくと、知見は格段に磨かれ、1年後には当たり外れのブレが少なくなります**。やると決めたことが、後になって正しかったと思い当たるケースが増えてくるようになります。

営業の現場においてまず間違いのない指針は、「お客様にとって何が一番大事か。どの選択肢ならお客様が喜んでくれるのか」ということです。あなたの意思決定の指針がお客様第一に考えているなら、その答えは正しいと言えます。

仮に間違ったとしても恥じることはありません。50代であるあなたの知見は相当鍛えられていますので、1度あるいは2度の失敗は必ず修正できます。若い人の知見はまだまだ鍛えられていないのでたくさんの経験が必要となりますが、ビジネス経験が豊かなあなたなら立派に鍛えられているので、自分を信じて自分の心に問いかけてください。

② 部下を評価するとき、できるだけ自分の感情を入れず、数字で評価する

対象　50代管理職

筆者は今の仕事で、毎月の行動計画のＰＤＣＡを実施するにあたり、全部門の面談を行っています。

会社との約束事として決めた行動計画を毎月お互いに確認するのですが、できたかできなかったか、なぜそうなったのかを話し合うことで問題点が明確になり、次月の行動に生かすことができるようになりました。

次年度を考えたときにもこのＰＤＣＡで確認できたことが基礎資料の一つとなります。

評価を公正にしようとすると、「よくがんばりました」「一生懸命やったのですが達成で

きませんでした」は通用しません。数字で評価する中で、本人の努力の程度が分かるのが一番いいと思います。

数字が良いか悪いか。ここに絞って評価すれば、人によって評価にばらつきがでるということもなく、基準として正当性があるので全員が納得します。

ただし、この基準にも重要なポイントがあります。一つは、予算を組むときにじっくりと話しこんでおくことです。

会社が一方的に思う数字を上司が部下に伝えるだけでは、P（プラン）はできても、納得したうえで進めたものではないため、不備になります。本人が納得する数字のバックデータをしっかりと示し、達成できるやり方などをアドバイスすることも大切です。

なお間接部門については、数字が連動する項目を選定するように、よく話し合うことが大事になります。

「PDCA」を再考する

PDCAは「マネジメントサイクル」とも言われるほど、ビジネスの現場では関心の高いマネジメント管理手法です。決めたことが計画倒れにならないように随時予算と実績の差異を知り、行動を修正していきます。計画の期中でも市場環境が変化することが多々あり、即対応することが重要です。決算が終わってから分析をして、次期の活動方針を修正していてはすでに手遅れで、「あのときにやっておけば！」とほぞをかんでもあとの祭りです。取り返しはつきません。陽明学の教えの中にある、「今この一点に集中する*」に通じるのがPDCAなのです。

図8はPDCAのイメージです。図に記した「思い」とは、創業するときに〝思い入れ〟をどのように描いたか（この分野の売り上げで日本一になる、業界ナンバーワンのシェアを取るなど）を示します。これによって、PDCAのPとDの書き方およびスケール（グラフの縦の目盛り）が違ってきます。スタート時の「思い」を大事にしたいので、このようなグラフになりました。

すでにご存じの方は多いと思いますが、ここであらためてPDCAの役割を考えてみましょう。PDCAとは、期初に立てた計画数値（予算）に対して期中のチェックポイントである1カ月後の実績がどうであったか、第1四半期の実績などを検証して、結果決算を確認しながら業績の向上に結びつける手法です。期初に立てた行動計

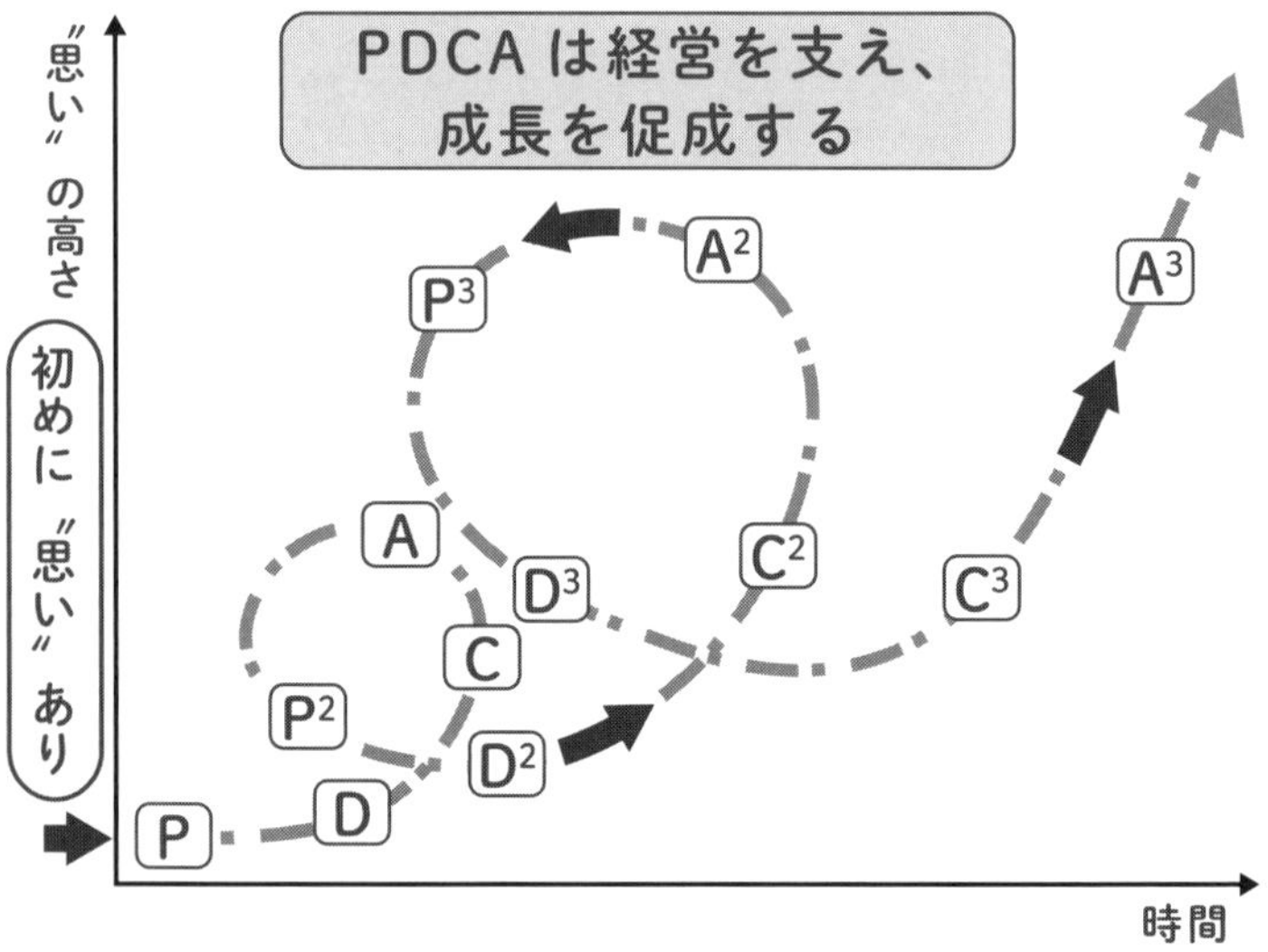

図8 「思い」ありきのPDCA

画（目標数値達成のためにやらなければならない行動）に未達成はないか、目標にした数値に計画どおり達したかどうか、問題点は何か、を明らかにして修正していくという一連の「課題解決」を積み重ねる作業です。

ここで、ＰＤＣＡの各項目について再考します。

▼Ｐはプラン＝計画

計画は、事業に限らず、旅行や家計など、いろいろな場面で立てることがあります。入念な市場調査を行って社内で共有し、そこから仮説を2、3導き出し、それぞれの仮説に対して計画を立てるようにすると、コロナ禍、為替の変動、電気自動車の急激な台頭、ＩＴ産業やさまざまな市場環境などの変化があっても、仮説を修正することで全社をあげて素早く対応できる可能性が高くなります。プランとは、激動の時代だからこそことのほか重要なステージです。これを社内で共有することが企業の足腰を鍛えるため、変化の中で生き残り、強い100年企業の道が開けます。

よく見受けられるのは、対前年比3％アップあるいは6％アップありきで売上高の予算が決まり、各部署に落とし込まれるケースです。この思考方法で組まれた予算は、市場環境がゆるやかに変化しているときには問題になりませんが、「いざ鎌倉！」となったときには俊敏な対応ができません。プランを立てっぱなしでは、プランだけ残ってほかは跡形もなくなります。

▼Dはドゥ＝実行

計画を実行するとき、どこまで事前準備をして取り掛かるかということが、予算達成に導くポイントとなります。場合によっては、「準備8割、実行2割」というくらいに準備が重要です。実行のための準備は、プラン作成のときに立てた仮説をどこまで理解して自分の行動に落とし込むかということが、計画達成を左右する分かれ道です。奇をてらわず、仮説を信じて愚直に準備して実行する――これに尽きると思います。全部署が一斉に取り組めるかどうかは、ひとえに各長のリーダーシップにかかってきます。ここで、組織における日ごろの信頼関係の有無が表れます。人間力を磨くことの重要性が如実に出てくるのです。

男女を問わず、リーダーは日ごろから自分に問いかけて、良いと思うことをすぐ行い、義の和が利であり、人事を尽くした行動を陰日向なく執っていることが思わぬところで勝敗を決することになります。

場当たり的な行動は成果を出せず、次の行動につながりません。

▼Cはチェック＝分析・差異確認

入念な計画と真摯な実行ができたら、今度はそれを分析します。差異が判明し、問題点が明確になるでしょう。それを行動の修正に結びつけていきます。

▼Aはアクション＝再実行・修正後実行

Cの後のDo（実行）をアクションと呼びますが、修正後の実行は市場の変化に対応するために当然速やかに実行するべきことです。そして修正した後に再びチェックする、この繰り返しとなります。

以上、PDCAについて復習しました。陽明学の一点集中に通じるPDCAは重要です。仕事の流れを今一度見直してください。

＊今この一点に集中する――王陽明の教えに「至良知（ちりょうち）」があります（本書の第8章で取り上げます）。何事においても答えを外に求めるのではなく、自分の良知（心）に問いかけて、「今」に最善を尽くすことを教えています。良い結果を求めようとするのではなく、ただひたすらに〈良知を致す（きわめる）〉（良知＝心＝宇宙自然の造化の源、全てのものの神髄）ことに努めるだけである、すなわち「事がうまく行くか行かないかなど、気にする必要はない」ということです。「今この一点に集中する」、これがすべてです。

③ 常に提案を受け入れられる人間であること

対象 50代管理職

真にお客様にとって良いと思われる方策は、たとえバイトの学生さんからの提案であっても受け入れて真摯に検討することが大切です。そのためには、前述したとおり、あなた自身がたえずお客様にとって良い施策とは何かということを自問自答している必要があります。それがなければ、提案を素直に受け入れることはできません。あなたの日ごろの人間力を鍛える努力の積み重ねが、良い意見を受け入れる土壌になるのです。

良い意見は、あるとき突然に聞こえてくるものです。いかなるときでもあなたの心に伝わってくるように、**心の門戸を開いて真摯に受け止める意識を持ち続けましょう**。そのような姿勢を示す人のところへのみ良好な意見は集まります。

マネージャーが行き詰まってぼやくときに言うセリフの一つに、「みんな遠慮しないで私のところへ意見を言いにきてくれないかなぁ！」というのがあります。

逆説的にいうと、このマネージャーが聞く耳を持っている人であれば、本人がぼやく暇もないくらい周囲の人は進んで意見を伝えてくれるでしょう。ぼやくということは、自分は聞くつもりでいても、残念ながら周りの人には本心から聞く耳を持っていると思ってもらえていないのです。日ごろの小さな意見にも、アルバイトの学生や朝早くから来てくれる清掃会社の社員の意見や情報にも耳を傾けて、真摯に取り組んでくれるという姿勢が見えていれば、ぼやくことにはなりません。

大事なことは自分の姿勢を正すことです。そこからやり直さなければなりません。

やり直すためには、〝年長者が言ったから正しい〟や〝自分の好き嫌い、自分にとって損か得か〟を排除して、「お客様にとって何が大事なのか、真の解決策は何なのか、何をすれば喜んでくれるのか」を真剣に模索することです。そうすれば、おのずと最良の解決策が見出せます。見出した解決策に真剣に取り組んで結果を出す。これを繰り返すことで、お客様や部下、周りの人の信頼を勝ち取ることができます。

やり切る力が求められるのは、この場合も同じです。ただし、百回やり切ったから終わり、というようなものではありません。場所が変わっても、部署が変わっても何事に対してもやることは、エンドレスです。エンドレスと分かっていてやり切るための努力をするあなたの行動に対して、周りの人は賞賛してくれます。それほど、やり切るということの価値は大きいのです。

やり切るためには、お客様とのコミュニケーションを保っていることが前提条件です。日ごろの何気ない会話の中から本音が見えてきて、何をしてほしいのか、何を喜びとしているのかということがはっきり分かってきます。ですから、やり切る方法と方向に無駄がなく、スピード感をもって達成できるのです。それゆえ、次の課題にもスムーズに移行できます。

誰かに言われたからやるのではなく、真にやらなければいけないことを当たり前のようにやり遂げることです。この繰り返しが人間関係をよりよいものにすることにつながります。他人はあなたの人間性をよく見ており、その部分においてのみ評価します。

④「報連相」は主観や思惑を入れず、徹底して客観的に伝える

対象　50代

(1) 報連相の注意点（その1）

「報連相」のことはみなさんすでにご存じです。

上司
自分
ありのままを
客観的に伝える
「報告」は義務
「連絡」は気配り
「相談」は問題解決

図9　ありのままを客観的に伝える「報連相」

その注意点はただ一つ。「**ありのままを客観的に伝える**」、これに尽きます（図9）。

客観的にありのままを伝えることが重要であるにもかかわらず、ついつい自分なりの解釈を交えてしまうのが常です。そのため、分かりやすく伝えようとしても、加えられた価値観や情報量の違いにより情報が主観的になってしまい、伝わりにくくなります。微に入り細をうがって伝えようとしても、伝えきれるものではありません。

明確に伝えるには、数字や上下左右、固有名詞、先方がこう言った……などのように、客観的に理解できる事実を内容とした報告をすることが大切です。

どうしても、「多分、〜でしょう」とか「〜だと思います」という表現で伝えがちですが、推察や憶測、あて推量をベースにした報告では、上位者は意思決定ができません。

そのため、**報連相では事実に基づいた出来事を報告することが第一に求められる**のです。報告者であるあなたの意見を述べる場ではありません。あなたの意見を求められた場合のみ、私見を述べましょう。次に、報連相を受ける立場から見ていきましょう。

(2) 報連相の注意点（その2）

報連相を受け取るということは、あなたを事上磨錬《じじょうまれん》する絶好のチャンスです。このチャンスを見逃すのは自分を鍛える機会を無にすることなので、日々の態度や行動に気をつけて次の項目を訓練してください。

① 丁寧に受け取る

決してぞんざいな態度で聞くことのないようにしたいものです。報連相をする側に立って見てください。あなたのぞんざいな態度に接したら、いっぺんでやる気を失ってモチベーションは下がります。部下や後輩にしてみると、風上に置けない態度に映るでしょう。それに気がつかないあなたは気配り、目配り、心配りができない人という評価をされて、信頼関係の構築が困難になります。

②最後まで聞き取る

たとえ報告する側に要領を得ない点があることを差し引いても、話が冗長になる場合があります。だからといって話を遮って「結論を言ってよ！」とは言わないでください。

日頃から部下に対して「報連相」の要領を伝えていればこの事態は避けられるのですが、日頃の部下指導の至らなさが表面に出てきたのです。一度言って理解できないのなら三度、それでも無理なら何度も辛抱強く繰り返して言えば要領を得た報連相ができるはずです。

要領を得ない報連相を聞く場合はいかなるときであっても、最後まで聞き取る姿勢を貫くことです。信頼関係を構築する基本の一つです。

③労をねぎらう

どんな些細なことでも、時間をかけて得られた情報を共有できることを喜びとして、労をねぎらってください。あなたから労をねぎらってもらえるだけで、疲れは吹き飛んでしまい、その結果感謝されるのはあなたになるのです。

④相談を受けた場合は、特にプライバシーにも配慮

個人的な相談を持ちかけられた場合は別室を設け、プライバシーに配慮することも大切なことです。ほかの社員に悟られないように留意しましょう

⑤報連相を受けた結果を報告する

報連相を受けっぱなしはいけません。必ずしかるべきタイミングで丁寧に部下に結果を報告をしましょう。それによって、次の行動に移行でき、改めて指示の出し直しをするなどして、成果を高められます。

⑶ 報連相は組織の風通しをよくする

報連相がスムーズにできるようになると、風通しのいい組織になります。特にネガティブな情報、ミスをしたことが現場から上層部へ迅速に伝達できるのはすばらしいことです。

そのためには組織内でお互いが尊敬・尊重される関係にあり、信頼関係が構築されていなければなりません。

5 感謝を伝えるときにこそ、個人の感情や好き嫌いを入れない

対象 50代管理職

(1) 感情の起伏や好悪抜きで感謝の意を伝える

だれかにお世話になったときは、**間を置かずに足を運んでお礼を言いましょう。** ちゅうちょせず、**個人の感情や好き嫌いを入れないようにすること**が肝心です。

自分がお世話になっていなくても、管理職の場合、部下や仲間、身内のだれかがお世話になったのなら、自らすすんで訪問し、丁寧に感謝の意を伝えることがあなたの人間力を発揮する絶好の機会です。

意識していないと、自分の感情がハイなときや、相手が好きな人の場合はすぐ行くけれども、そうでないときには躊躇《ちゅうちょ》してなかなか行けないというのが人間です。

図10　感情の起伏を抑えるには静座が適する

当然ですが、人間には個人的な感情の起伏があり、何においても好悪がついて回ります。どちらももの心ついたとき、自我の目覚めとともに心に染み付きはじめます。成人になるにつれて、感情の起伏や好悪を表に出さない人と、出る人に分かれますが、できるだけコントロールしましょう。

お世話になったお礼はすぐに言うのが社会的常識です。ゆえに、自分の感情の起伏がどうであれ、好悪の気持ちがあるとかないとかではなく、社会的常識に則って即時実行しましょう。

(2) 静座をして感謝の言葉を唱える

感謝の気持ちをすぐに伝えられるよう、

日ごろから感情の起伏を抑えるようにしましょう（図10）。そのためには、謙虚な心を養い、好悪の気持ちを小さくする必要があります。一番いいのは1日に10分でもいいから静座をすることです。座禅にこだわりませんが、椅子に浅く腰掛け、呼吸を整えながら「ありがとうございます」を唱えましょう。

(3) 義の和が利である

個人の感情や好き嫌いを入れないというのは、お礼を言うときに限らずいつの場合でも当てはまることです。ビジネスの現場において意思決定をするとき、個人的な好き嫌いや損得の2つを排除できるとスムーズで公正な判断ができます。

時代が代わっても、よこしまな気持ちで対処すると、汚点が残り、その回復のために予想以上の時間と気配りが求められ、余分なエネルギーを使うことになります。

「義の和が利である」の義とは、**人間としてやるべきことをする、してはいけないことをしない**、という意味です。義をいくらしたか、どれだけするかが先であり、それが徳を積むことになります。義の蓄積と徳の積み上げをいくらしたか数えているうちに数を忘れた、その先に利が表れます。だから自分にとっての損得や好悪を排除することが重要です。

6 皆で利用する公共の場所は「凡事徹底」を貫き、清潔に保つ

対象 60代

公共の施設は税金により、住民が気持ちよく利用できるように整備・清掃されています。公共でなくても、整備が行き届いた施設からは得るものがあります。例えば、ゴルフ場。風呂場の脱衣所に用意されたスリッパ、タオル類の収納箱、ブラシやドライヤーなど、みんなが使うものの行き届いた整理整頓や清潔さについては、筆者はいつも感心します。誰かが見ているとか見ていないとかではなく、施設運営の良心に沿って行われており、それらを目にすることは**自分の心を正す修養**になります。

公共施設の建物やトイレなどをきれいに使うのを心がけることも、「人の振り見て我が振り直せ」として他者への伝播にもつながるので、常に留意したいものです。

とはいえ、世界的に利己主義、排他主義、全体主義、社会の分断などのポピュリズムがあたかも正しい潮流であるかのように広がる中で、人間として何をなすべきなのか、立ち止まることもあると思います。人の振り見て我が振り直すきっかけとなるような行動を取

ったことが恥ずかしく感じ、腰が引けることもあるでしょう。

しかし大事なのは、いつの時代にあっても、人としてやることはやる、やってはいけないことはやらないという矜持《きょうじ》（誇り、プライド、自負心）を持つことです。

公共の場所を利用するにあたり、周囲の目を気にせずに整理整頓し、きれいな状態を保つのは、改めて言うことではなく「当たり前のことを当たり前にする」「凡事徹底*」に通じます。

＊凡事徹底――何でもないような当たり前のことを徹底的に行うことであり、ただ当たり前にやるのではなく、人が真似できないほど徹底的にやり、他者の追随を許さないまで行うということを意味します。「凡事徹底」は、「掃除の神様」として有名な自動車用品の卸と販売で業界大手のイエローハットを創業した鍵山秀三郎氏の言葉として親しまれています。鍵山氏は陽明学にも造詣の深い方です。

⑦ 常に「後行程」（次の担当者の仕事）を考える

対象 50代

「後工程《あとこうてい》」とは、自分の仕事を引き継ぐ、次の作業を指します。会社や現場での作業において、それぞれの担当が後工程の人を大事（リスペクト）にすることは、職場の活性化につながります。後工程を考慮するのは生産性の向上に結びつき、職場を改善する場面では欠かせない意識です。後行程の担当者が誰であっても、その人がすぐに取り掛かれる状態で仕事を渡すことが肝要です。

出張旅費の計算一つにしても、期日どおりに提出すれば何の問題もないのに、ついうっかりして日にちをオーバーしてしまうと、経理の人は伝票の集計も含めて手間が余分にかかります。あなたにしてみればうっかりミスでも、担当部署の段取りを狂わせてしまうので、ちょっとしたミスでは済まない場合もあります。大きな金額の場合、大変な混乱が生じる可能性さえあります。

たえず後工程の人を意識して全体がスムーズに動くのを心がけることが、あなたの自己育成には必須です。決して針小棒大に伝えているのではありません。前述したとおり、小さなことを何事もなく積み重ねることが、自分が成長するためには避けて通れない過程です。

日ごろの連係プレーと段取り力で後工程の人がすぐに仕事にとりかかれるように準備万端整えて（自分の仕事に人事を尽くす）渡していくことこそ、仕事を進めるうえでの肝心かなめです。今目の前にある一点に集中して仕事をし、当たり前の積み上げがスムーズな仕事の運びを支えます。これがチームワークの基本です。

8 後輩および部下の育成には常に真摯に取り組む

対象　50代管理職

(1) 業務を順調に進捗させるための必要要件

先輩およびマネージャーにとって、部下の育成はとても大事なマネジメントの一つです。

部下育成が順調に進捗している組織は明るい未来を築くことができます。

第5章

業務を順調に進捗させるための必要要件としては、次の7つが挙げられます。

①企業理念の下、部長方針や課長方針および運営方針が明文化されている
②部下育成のスケジュールが組まれている
③育成担当者が決まっており、人事部の育成係として訓練を受けている
④係および課で育成計画が共有されている
⑤係および課内では、お互いがリスペクト（尊重）されている
⑥後輩は、自分の育成計画を理解できている
⑦誰からもフォローされる環境にある

以上が理想的な環境です。すべての組織はこれらを目標にしていただきたいと思います。少子化が続く中で、若者の離職率を抑えるためには先輩・上司の関わりがとても大切です。**上司は部下に毎日声をかける**、これを義務づけて続けることは、お互いのコミュニケーションをとるための〝基本のキ〟です。おろそかにしないでください。

ちょっとした声かけがコミュニケーションを促進する潤滑油になること。このポイント

を押さえると組織内の活性化が進み、生産性も向上するでしょう。

(2)「感謝の気持ち」の対極にあるものは「傲慢」

人間力を磨くとき一番邪魔になるのが「傲慢」です。

「傲慢」とは、おごり高ぶっていること、人を見下し、思い上がった気持ちで人に接することを指します。「慢」の字には「自慢」「慢心」の語に使われるように、思い上がるという意味が込められています。

上から目線で指導したら、部下は「教えてもらっている。感謝しなければ」という気持ちにはなりません。教えてもらいながら感じるのは居心地の悪さであり、「なんでこんな人に教えてもらわなければいけないのか」と反発心が残るだけです。

しかし、教えているあなたには部下の気持ちは伝わらないので、改善のしようがありません。なぜ伝わらないのかというと、もし部下が反論しようものなら、頭ごなしに否定されるからです。触らぬ神にたたりなしで、あなたの立場は「神様」になっています。

なぜ傲慢になるのか↓プライドが高いから、なぜプライドが高いのか↓自分の弱みを知られたくないから、なぜ知られたくないのか↓他人に馬鹿にされるから——という観念にとらわれて自分の弱さをさらけ出したくないのです。自分は新人で入ってきてから、口では上司に世話になったと言いながら、後輩の指導では相手を受け入れられず言いくるめることに徹して、いつの間にか傲慢な態度が身についてしまったのです。

身についた傲慢さをはがすのは並大抵のことではありません。その気になって努力するとすれば、まずあなたのパートナーが喜ぶことを考え、自分の心に問いかけてみてください。静座して、ひたすら「第一番に何をしたら喜んでくれるか？」と問いかけてください。そのとき、ひらめくものがあると思います。それをすぐ実行して反応を確かめてみましょう。喜んでくれたら、さらに自問自答して、思いついたことを実行してください。それができるようになれば、次はあなたの子どもに、そしてさらには部下に対して何をすべきか……と進むのです。それによって、徐々にあなたの顔つきが変わり、固定観念から解放されたいい表情になります。そうなれば、生涯現役という高みを目指す人間力が身に付くはずです。

第５章 まとめ

1 物事の決裁をするときには自分の好き嫌いや損得を入れない

2 部下の評価はできるだけ自分の感情を入れず、数字で判断する

3 心の門戸を開き、常に提案を受け入れられる人間であること

4 「報連相」は主観や思惑を入れず、徹底して客観的に伝える

5 感謝を伝えるときにこそ、個人の感情や好き嫌いを入れない

6 公共の場所を大切にする心を持つ

7 後工程を考え、全体がスムーズに動くように心がける

8 後輩および部下育成は人事を尽くして真摯に取り組む

第6章

「事上磨錬」で心を高みへ

与えられた環境を受け入れ、定年を過ぎても成長を続けるために

「事《じ》上《じょう》磨《ま》錬《れん》」とは、自分の観念の中だけではなく、実際の事案や雑多な仕事を通して行動や実践の中で知識を磨いて知恵を深掘りし、精神（致良知＝心）を高めること。

1 新しい職場で遭遇する「言葉」の壁

対象 60代（再就職）

60歳の定年を迎えると、退職したり、別会社への出向を命じられたりといった大きな変化の中に身を置くことになります。転職をして新しい職場に赴くと、今まで経験したことのない場面に遭遇します。

第一に言葉が違います。**職種が異なれば、全く理解できない言葉に向き合わなければなりません**。また専門用語に限らず、何気ない一言であっても、その裏側にある仕事のルールや段取りなどを知らないために理解できず、初めはだれしも戸惑います。前の職場と違って、日本語なのに未知の言葉ばかり。この言葉の試練は、いかなる転職においてもついて回るものであるという覚悟が必要です（図11）。

筆者の場合、定年後にスーパーから地元の信用金庫に転職しました。中小企業診断士の資格を持っていたため、それまでも財務分析の仕事などを手がけてはいましたが、実際の金融機関の本部においては、その業務処理のスピードと多種多様な決まりごと、そして言

図11　新しい職場で遭遇する言葉の壁

葉についていくことができませんでした。金融の専門書を開いて勉強しても、頭に入りません。情けなくて今にも投げ出しそうになり、思わず家内に「辞めようかな……」と弱音を吐きました。しかし彼女は「そう？」と言って笑っていました。それからは、日々悪戦苦闘しながらも出勤を続けたのです。

入庫して1カ月後、理事長からの指名で40人ほどの支店長に向けた研修を受け持つことになりました。前職のスーパーの支店経営の経験を買われ、マネジメントや労務管理、利益管理などを実例を交えて紹介しました。

支店長の皆さんは私が本部で苦労していることなどつゆ知らず、スーパーの話に興味津々です。昼食後の時間帯でも、居眠りをする人は一人もいませんでした。この支店長研修は好評を博し、その後、若手の研修やインターンシップ生の講座へと担当範囲が広がることになります。

そしてこの研修が評価され、支店から得意先の経営相談に乗ってほしいという依頼がきて、本部から支店に出張することが多くなりました。本部での緊張感から解放されて、やれやれと思ったことを今でも昨日のことのように思い出します。

支店からの相談ではいつも、得意先が思っている以上の解決策を提案し、全力で対応しました。それによって相談の件数が増えたため、全店へ「相談事例」として社内報などで発信することになり、その発信も受けがよく、次々に相談が舞い込むようになりました。

本部を離れることが時間的に多くなると、本部にいるときの言葉の嵐から解放されるようになりました。

新しい職場になじむための糸口

この筆者の事例でお分かりのように、新しい職場に慣れるには時間が必要です。慣れないからといって、元の勤め先と比べて違いを嘆いても仕方ありません。すっぱりとあきらめて、新しい職場になじめるように努力することです。その糸口は意外なところから見つかるかもしれません。

では、糸口をつかむためには何をしたらいいのでしょうか。

たとえば、ほかの社員よりも少し早めに出勤し、整理整頓や清掃をするのがおすすめです。オフィスの机を拭くことから始めてみましょう。誰も見ていないようで、誰かの目に留まるものです。そのうち、だれかれとなく打ち解けてくれます。そうなると、ちょっとした信頼関係が生まれ、困っていることがあると察知してフォローしてくれるようになります。こうしたわずかなことからなじめるようになっていくものです。初めの2、3カ月の辛抱です。

もともとあなたは戦力として期待されて採用されたのですから、自信をもってください。仕事の段取りや片付けなどを若い職員と一緒に進んでこなしてみましょう。みんなが喜んでくれます。段取りをつけられるあなたは立派な戦力です。徐々にあなたの存在が認められることになり、いつの間にか言葉の壁も乗り越えているはずです。それが、環境を受け入れて転職を成し遂げた瞬間です。

② 課題解決に全力を注いでいるとチャンスがやってくる

対象 60代

だれの身にもチャンスは訪れます。しかし、そのチャンスがいつ目の前に現れるかは予測不能で、見えず、聞こえず、感じられません。

予測不能なチャンスを自分のものにするためのたった一つの方法があります。

それは、**目の前の課題に全力を注いで解決する、解決したら次の課題に取り組む。これをひたすら繰り返していく**のです。この気の遠くなるような、そして取り組んでいる目的すら忘れたころにチャンスはやってきます。課題解決のために一心不乱に取り組んでいると、チャンスの予兆が訪れます。迷わずに女神の前髪をつかんでチャンスを取り込んでください。今に全力を注ぐ=人事を尽くす、その結果のご褒美です。

取り込んだチャンスに対しては120%の力で課題解決してください。そうするとアイデアが次々と湧いてくるのでいっそう面白くなります。この面白さをぜひ実感していただきたいと思います。

③ 部下との15分のカウンセリング（面談）を実行する

対象 50代管理職

5章でご紹介したとおり、凡事徹底とは、当たり前のことを当たり前にするということです。玄関の靴をそろえる、落ちているゴミを拾う、泣いている子どもに声をかける、道に迷っている人に声をかける——などもその類です。

しかし最近は、泣いている子どもに親切心で声をかけても、「変な人が寄ってきた！」という思いもよらない反応をされる場合があるので、なかなか難しいことです。

逆に、地方から上京して新宿駅南口の地下を歩いていて地上への出口が分からないとき、だれかに聞きたいと思って若い人やシニアの方に声をかけてもスルーされてしまうことがあります。やっと立ち止まってくれた方がいて尋ねますと、「私も今日新潟から来たのでよく分かりませんが……」と言いながら、学生のとき東京にいた経験を生かして、行先を示してくれて助かったことがありました。

それはさておき、近年の社内では、悩んでいる部下や若手の話を聞いてフォローをするということが少なくなっているように思います。以前であれば、先輩や上司として相談にのるのは当たり前だったのですが。

話を聞くときに大切なのは、先輩・上司の価値観を押し付けた言い方は極力しないという点です。**若者には若者の価値観があります**。昔話や自慢話をしないコミュニケーションのほうが素直に受け取ってもらえるでしょう。同時に、現在「自分らが若いころはパワハラなんか当たり前だったよなあ」などと言うことは、自慢話をひけらかしているか、パワハラ容認を求めているというような受け止め方をされる懸念がありますので注意してください。

話に耳を傾ける、話は遮らず最後まで聞く、相槌を打って真剣に受け止めていることを伝える、すなわち「対等な関係」を念頭においてください。言葉を変えれば、リスペクトしあえる関係が理想です。

そのために、仕事中の15分のカウンセリング（面談）をときどき実行しましょう。15分以上時間を取る必要はありません。

面談で大切なことは、できるだけオープンクエスチョンで問い掛けるということです。「仕事で何か問題はありませんか？」といった、クローズドクエスチョン（「YES」か

「NO」で答えられる質問形式）で問いかけた場合、

「ありません」

という問答で終わってしまいがちです。

一方、オープンクエスチョン（自由に回答してもらう質問形式）では、例えば、「月曜に部長が基本方針を話してくれたけれど、その中で〝若手社員の仕事への取り組み方〟について分からないことは何ですか？」という問い掛けに対して、「〝報連相をしっかりしなさい〟と言われましたが、具体的にはどうしたらいいのでしょうか？」といった新たな質問が生まれ、「なるほど。要点は次の3つだね。……」といった具合に、会話のキャッチボールが生まれます（図12）。その際、話しかけながら説明し、メモを取らせるようにしてください。多分15分もあれば、簡単なメモ取りと理解するところまでフォローできると思います。だらだらしゃべるのではなく、「1．〇〇　2．▽▽　3．……」というようにポイントを絞って話をします。

この面談のいいところは、部下や若手が分からないことをそのままにせず、フラストレーションを溜め込まずに済む点です。また、まとめて教えようと思わず、15分という短い

図12　「クローズドクエスチョン」と「オープンクエスチョン」の返答

時間でフォローできる程度のテーマに絞り込むと、小さい問題のうちに解決できることも少なくありません。その場合、費やす労力は比較的少なく、フォローした直後から部下は力を発揮でき、生産性の向上がすぐに成果となって表れるというメリットがあります。

上司の中には、「自分の仕事が忙しい。面談なんかしている暇はない」というもっともらしい言い訳をして、たった15分の面談をパスしてしまいます。パスが10回になると150分の面談をスルーしてしまうことになるため、ある意味で大きな損失となります。

部下や若手が成長するのは、同時に

先輩や上司も成長していることの証です。**教えることはすなわち教えられること**であり、教えることを粗末にしている人は、自分が成長するチャンスを自ら放棄しているといえます。放棄したぶんをあとで取り戻そうとすると大きなエネルギーが必要になります。そうならないために、悩める後輩や部下にいますぐ手を差し伸べましょう。

自分も共に成長できるチャンスの女神の前髪をしっかりとつかむことです。

4 傍流の仕事でこそ得難い経験が手に入り、その後の強みになる

対象 50・60代

組織には主流と傍流《ぼうりゅう》があります。誰もが主流に加わることを望みますが、全員がこのコースに進めるわけではありません。主流には、成績優秀で選抜された、俗にいうエリートが配属されます。これは、どのような組織にも当てはまる普遍的なルールです。

筆者が30代はじめに転職した先はスーパーでした。そのときの主流はいわずもがな、商品部門です。しかし、筆者が配属されたのはテナント担当という部署で、傍流の部署でした。

スーパーの成長期の初期におけるテナント担当というのは、消費者の日常生活において切っても切り離せない、クリーニングやカメラ・DPE、喫茶店、うどん・そば、飲食店などの誘致をはじめ、入店条件交渉、内装工事の打ち合わせ、入店後のフォロー、テナント会の運営補助、退店処理などを一手に引き受ける部署でした。

そのため、1カ月で4日の休みが取れるかどうかという勤務状態でした。毎日毎日テナントさんと膝をつき合わせ、その悩みに向き合って話し込みます。いい解決策が提案できるとは限らないので、ストレスがたまる仕事でした。半面、販促などがツボにハマって売り上げが伸びたときには、分かち合う喜びも大きく、仕事のやりがいを感じる瞬間があるので励みになりました。

その後、スーパー本体の出店は県内から県外へ広がり、店舗も大型化し、入店するテナントさんの業種・業態が飛躍的に多様化しました。スーパーのデベロッパー機能の掘り下げが求められ、限りなくワンストップショッピングが可能な超大型店の開発に向けて、しのぎが削られた時代でもありました。

スーパーのテナントさんからの賃貸収入のウェイトが徐々に大きくなり、必然的にテナントの組み合わせの成否が本体の業績を左右するまでになっていました。

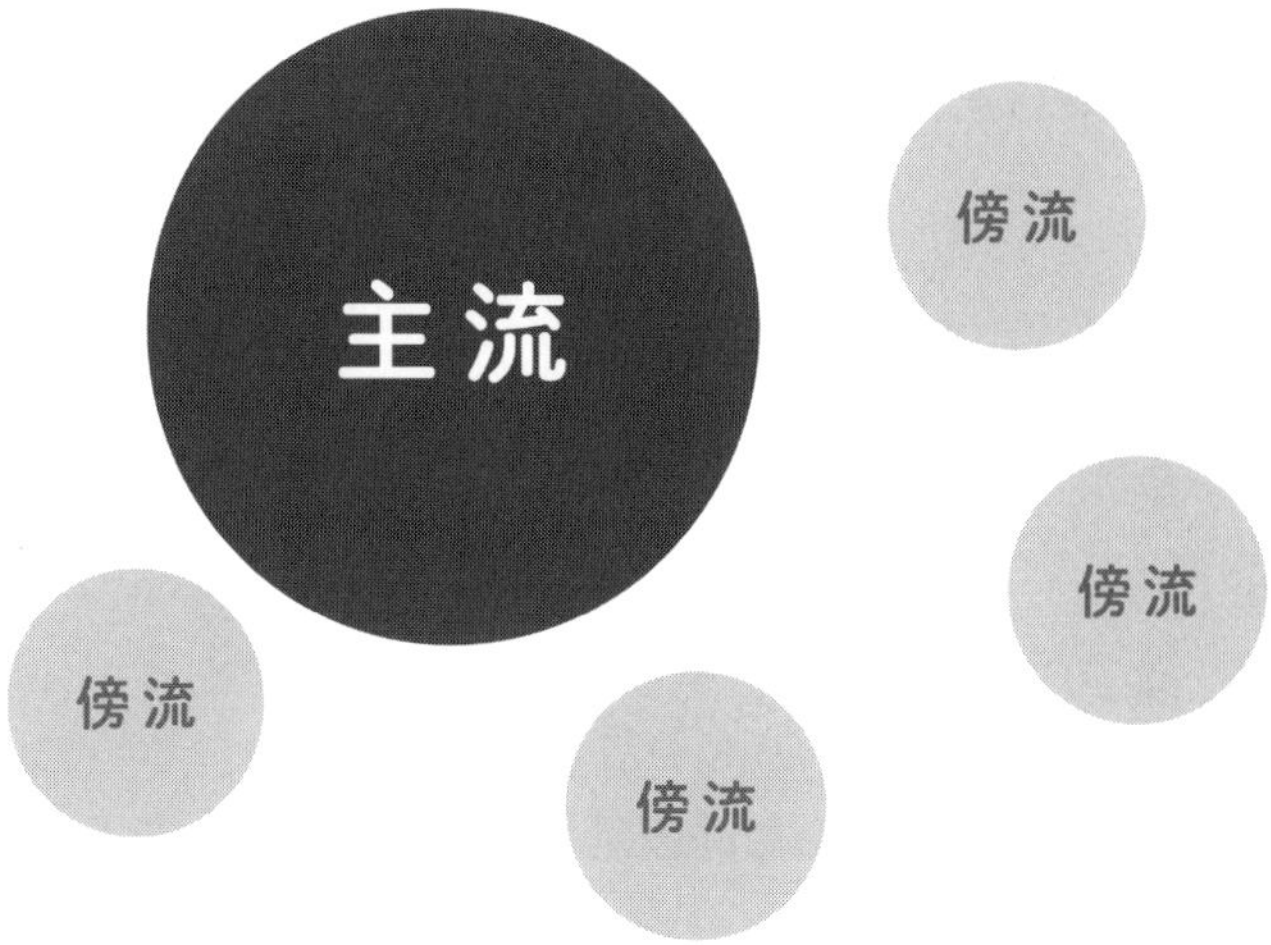

図13　傍流でさまざまな経験を積む

当時の主流でなかったとはいえ、テナント担当になってよかったのは、時代の先端を行く業種・業態に接することにより、従来の固定概念では推し量ることのできない新しい現実に向き合い、かけがえのない経験ができた点です。

テナント担当を9年間続けましたが、そのときのさまざまな経験が、セカンドライフのステージである地元の信用金庫に入って、生きることになりました。信用金庫のお客様である地元の中小企業の皆さんの悩みは、前職のときに理解していたので、支店長からの要望に対しては十二分に応えられる下地を持ったうえでの転職になりました。

第2ステージにおいて17年3カ月もの期間にわたって勤められたのも、前職でテナントを担当させてもらったおかげです。専門分野の9年というキャリアは、非常に大きいものがあったと実感しています。本流に属していたら、このような幸運は訪れなかったかもしれません（図13）。

傍流の仕事も、買って出るぐらいのつもりで取り組むと、十分なステイタスになります。次のステージ、あるいはその後のステージに有利なキャリアになるため、傍流であっても「人間万事塞翁が馬」と達観して、楽しんで仕事に取り組むことをお勧めします。本流とは別の経験が得られ、少々のことではへこたれない適応力と人間力が身につきます。人生において、無駄な経験というものはないのです。

Basic言語でプログラム開発をした話

大型スーパーにおける出店テナントの交渉条件は、B4用紙に横書きでぎっしり埋まるくらいたくさんの項目が並んでいます。電卓で計算しながら、1マスごとに地道に埋めていく作業です。特に大型の店舗ではテナントの数が40店から60店ほどになり、これらの店舗に提示する条件を1店ごとに手計算するのは非常に大変です。

筆者はその作業をなんとか手早くこなすために、その当時（1980年ごろ）流行り始めた「ポケットコンピューター」を購入しました。これにインストールされている、プログラミング言語の「Basic《ベーシック》」を出張時間を利用して自己流で勉強し、テナント出店のプログラムを組んだのです。3カ月ほどかけて開発したのですが、このプログラムが完成してたいへん助かりました。

東京・名古屋・大阪・福岡そして広島のテナント候補の会社の担当者と、ポケットコンピューターを片手に条件交渉をするのですが、先方の希望する条件を入力して素早くシミュレーション。その場で提示すると、即断でOKをもらうことができました。

交渉してすぐに本社に結果が報告できるので仕事がはかどり、ポケットコンピューター様様でした。その当時、このような仕事のやり方をする人は、ほかにはいませんでした。

あなたがパソコンをそれなりに操作できるのなら、プログラミング言語を一つ習得してみてはいかがでしょうか。ちょっとしたプログラミングができる能力は、今の仕事あるいは転職先の仕事において、あなたのウリのひとつになります。汎用性のある言語あるいはマイクロソフトOffice のマクロでもかまいません。ちょっとかじってみることをおすすめします。

5 鍋磨きがチャンスを呼ぶ。村上信夫さんから学ぶこと

対象 50・60代

生涯現役を貫こうと思う人にとっては、下働きの職場こそ、真の実力を高めるために必要です。鍋の底を磨くように前向きに取り組んでください。結果として、ニッチな分野でプロフェッショナルになれる得がたいチャンスに巡り合えます。チャンスの女神があなたを選んでくれたと思い、その前髪をしっかりとつかんでください。

「鍋の底を磨く」とは、1939年に見習いとして帝国ホテルに入社し、その後同ホテルの第11代料理長の任に就き、2005年に亡くなられた村上信夫さん（NHK「きょうの料理」の講師もされていた）の自伝本『帝国ホテル厨房物語』から学んだことです。

筆者が印象に残った箇所を引用すると、

「念願かなって帝国ホテルの調理場に配属され、最初に回されたのは洗い場だった。そして最初の仕事は石鹸水を作ることで、その石鹸水を料理人は鍋にぶちまけて洗い場に寄越す。……鍋の底に残ったソースを指ですくって味を覚えようという目論見は、木っ端み

じんにされてしまった」

「洗い場から調理場へ行くためには腕を上げるしかないのだが……すぐ近くにある料理づくりの最前線になかなか近づけず、焦りばかりが募った」

「……道が開けるきっかけは鍋磨きだった。銅鍋の外側は黒ずんで料理のシミが頑固にこびりついている。私は休憩時間に磨き始めた。午後の休憩時間に休みたいのを我慢して、2カ月ほどかけて、各部署にある200ぐらいの鍋をきれいにした」

「調理場にピカピカの鍋が目立ち始めたある日、私が洗い場で仕事に励んでいると、ソースがほんのちょっぴり残った鍋が回ってきて〝あっ〟と驚いた。調理場をうかがい、当番のシェフを見ると、小さく頷いてくれた。一生懸命舐めて、味を舌にのどに腹にしみ込ませた」

ここから、ムッシュ村上の秀逸な料理人としての人生が始まりました。

彼の行動から学ぶのは、自分に与えられた場所で存分に力を発揮することで、それ以上ではないという姿勢でした。どういうことかというと、洗い場に配属されたら、「ステーキソースの味はどうかとか、デミグラスの材料は……」という探求はそのときの自分には関係がないのです。洗い場の担当者に必要なのは、厨房中の鍋という鍋を外側もピカピカにする能力です。それができるようになって初めて、次の係に移ることができるのです。配属されて、「皿洗いぐらい」という軽い気持ちで取り組んでいると、なかなか評価されないのではないでしょうか。人の目は厳しいのです。

毎日の仕事を「真面目に丁寧に務める」ことが使命だと理解すると、いまは何をしなければいけないかということがおのずと分かってきます。仕事の段取りとスピードが格段に上がり、次の工程の担当者は喜んでくれるでしょう。人の喜びは自分の喜びとして感じるため、ますます仕事に熱が入り、それが自分の成長につながります。

「たかが洗い場、されど洗い場」

見られているとか、気にしてほしいといった意識を一切排除して、ただひたすら一生懸命やるということが大切です。見てくれている人がいるのはとてもラッキーなことですが、ラッキーを当てにしない人こそがのちのち救われるのです。

「人の行く裏に道あり、花の山」のあとには、「いずれを行くも散らぬ間に行け」という言葉がつく。これは千利休が詠んだ句という説もあります。「きれいな花を求めて山に行くのなら、誰も行かない裏道を行ったほうがいい」「他人と同じ売買を行っている限り、利益は得にくい。むしろ、他人と逆の行動を素早くとることが大事」という教訓です。

新人で、あるいは途中で異動があり配属された先が「裏方」で「主流ではない」仕事だと、気に入らないということはよくあります。しかし、ここからが人生の始まりだと考えてください。**気に入らない職場は誰も気に入らないので、改善すべき点がたくさんあります**。そこで前向きに取り組むと次々に改善策が出てきて、半年もすると見違えるような職場になります。誰が見ても「この職場が、こんなになるとは思いもよらなかった！」とびっくりするようになれば、あなたの評価は確実に上がります。

⑥ シニアはアンチエイジングでなく「ウェルエイジング」で

対象 60代（再就職）

シニアになれば普通、いや応なしに体力は衰えます。筆者の場合、72、73歳ごろまでは往復40分程度のスロージョギングが苦にならずできていたのですが、夏の暑さを避けて1カ月半休んで再開した際、その後2週間経っても元のような時間のスロージョギングができなくなった経験があります。

また知力においても、新しく吸収しようという意欲があっても、覚える数よりも忘れる数のほうが多くなるため、脳トレをしてもその衰えにあらがえませんでした。しかし、活力に満ちた元気な70代がいらっしゃるのも事実です。

満60歳のときにセカンドステージで転職した職場を77歳のときに退職しました。その際、このままズルズルと落ち込んでしまうのではないかと心配になりましたが、退路を断った3カ月後、長いお付き合いのある企業から週1勤務の仕事を請け負うことが決まりました。部課長を相手に、毎月の行動計画のマネジメントサイクル（PDCA）を面談しながら確認することをメインの仕事として、若手社員のカウンセリングや営業マンのロープレにもお付きあいさせてもらうことになりました。

また、進捗状況について意見交換をするため、6人の部課長と月に1度面談するのですが、終わるとぐったりするほど神経を使っていることを思い知らされます。恥ずかしい話ですが、久しぶりの緊張で奥歯が疼きました。

緊張感の極みですが、生涯現役を貫くにはこのぐらいのプレッシャーは避けて通れない道です。このほかに、技術関連部署の皆さんとの面談および、製造部全体の勉強会への出席があります。現在は、製造部の勉強会へ参加するため、時間があれば工場内を見させてもらっています。週1勤務で間に合うつもりで請け負った仕事ですが、月6～7日勤務になっても苦になりません。いただく金額に見合う成果を上げるために、これまで培ってきた知見を総動員して、前に進めることはうれしい限りです。プレッシャーと緊張感で、姿勢が悪くならないよう気を配っています。

現在筆者が経験していることでつくづく思うことは、シニアの知力・体力低下に抗うという強者の姿勢で日々の仕事に取り組むのではなく、70歳を過ぎた今の自分の〝心技体〟ならぬ**「心体健康」を客観的にみて、「まずまずがんばっている」と慈しむこと**が必要ではないかと考えています。

シニアの「心体健康」は、時間軸がゆっくり回って作り上げてきたものです。不都合な部分があるからといって、きびすを返すように昔に戻るというわけにはいきません。アンチエイジングで解決しようとしても、過去にさかのぼってやり直すわけにはいかないのです。時間軸という逆戻りできない特性を無視する行為は、時々刻々変化して止まないこの自然界においては受け入れてもらえません。

不都合がある場合、進行を緩やかにする方法とか、受け入れてそれなりに対応してゆく方法を見出すという、いわゆる**「ウェルエイジング」**に切り替えて、これからの長い人生を少しでも快適に過ごせるように取り込むことをお勧めします。

「ウェルエイジング」については、第2章の1節でご紹介した医学博士の山岸昌一先生の著書『老けない人は何が違うのか』に、示唆に富む情報がたくさん記載されています。ぜひ参考にしてください。

7 人は実直な行動力を評価する。本質を見抜く力を身につけよう

対象 60代（再就職）

筆者は、管理職定年を過ぎて60歳になる前に、日本キャリア開発協会の「CDA」（一般にいう〝キャリアカウンセラー〟）の資格を取るべく通信教育を受けました。テキストが送られてきて、カウンセリングに関わるいろいろな理論やノウハウの定義をそらんじる必要があったのですが、若いころと違ってなかなか記憶できません。一つの項目を覚えても、次の項目に入ると、一つ前の内容を忘れています。これには弱りました。教程が終了した

後、とりあえず資格試験を受けましたが、やはり不合格でした。

行き詰まりを打開するために思いついたのは、中学校のときに用いていた単語カードでした。Ａ４のコピー用紙を名刺大に等分し、表に定義や理論を書き、裏面に説明文を書きました。テキストの中で分からない単語のカードを作り続け、カードを束ねると高さはゆうに20㎝近くになりました。

家にいるときにはひたすらカードをめくり、暗唱。すべてを覚えるまでに３カ月を要したと記憶しています。その甲斐あって、２回目の資格試験で合格しました。

合格したことをそれとなく職場で話すと、皆さんから「がんばればできるんですね」とか「年は関係ないですね」という言葉が返ってきました。若い人からは「その資格はどうすれば取れるんですか？」「カウンセラーは何をするんですか？」と真剣な質問をもらうことになり、啓蒙する意味合いも込めてカウンセラーの仕事の一つひとつを丁寧に説明しました。そうすると、今までは「元部長をしていた徳丸さん」だった筆者を、「新しいことにチャレンジするシニア」という新たなイメージで見てくれるようになりました。

覚えられなくて苦労したことを忘れて「やればできる、やらなければ何もできない」と感じたことを話すと、「そういう気持ちが、いつまでも若さを保つ秘訣ですね」と言われましたが、筆者も同感でした。

「若く見られる」＝「老けない」ために何をすべきでしょうか？

第1章の3節「男女を問わず、再雇用や転職でも人間力を磨いておくことが大事」で運転手さんの募集面談について述べました。若く見てもらうためにアロハシャツを着てきた人には面接官も驚きました。

2022年はニュースで、園児や学童の下車時の確認不足による閉じ込め事件の多発が報じられました。これを考えると、若さをアピールするよりも、見逃しがないかを確実にチェックする実践力（指差し確認でもＯＫ）、念には念を入れる真面目さ、きびきび動くフットワークのよさを持つことのほうが大切です。その堅実さこそが若さのアピールにつながると思います。堅実さを現場対応力と評価して、人は仕事を依頼してきます。**立て板に水を流す弁舌より、実直な行動力を人は評価するのです**。すなわち、人間力を見ているわけです。

老けないためには、物ごとの本質をしっかり見抜く力を身につけておくことです。前述したように、何のための面接なのか、運転手としての技量以外に求められるマネジメント力とは何なのかをしっかりと考えて、いつでも対応できるように準備しておくことです。

技量以外のマネジメント力として考えられるのは、組織によって解釈の違いがありますが、運転手の場合に考えられることを思いつくまま列記すると、

①運行計画・スケジュール管理
②健康管理（飲酒アルコール・体温チェック、健康診断等）
③車両本体チェック
④座席の清潔さを保つ
⑤ルート・乗車場所チェック
⑥降車チェック

以上を分担・連携してスムーズに行い、そのつど所属長に「報連相」します。

また業務のＰＤＣＡを行うことにより、臨機応変に対応することで安全運行・安全運転の推進を図り、組織業務の維持に寄与します。

すべてオールマイティに応えなければならないということではないのですが、運転技術だけに目を向けるのではなく、これだけのことを日頃から考え、気づいたことなどをメモ

するようにすれば老けている暇などありません。社員の安全確保に注力することで、運転以外の場面でも頼りにされる存在になるでしょう。

⑧ 目的を見つけて、講座で専門知識を学ぶ

対象 60代（再就職）

デジタルの世界は日々進化し、革新的なツールが次々と出てきます。若い人ならいざ知らず、シニアにとってこれらのデジタルツールは不可思議なものに映ります。最新のテクノロジーは避け、できるだけスルーします。しかし、いつまでもスルーしていては仕事の能率が上がりませんし、アップデートが進み、ますます手をつけるのが億劫になります。

ここは虚心坦懐に謙虚な心を開き、知らないことは正直に知らないと伝えて、**必要最小限と思われる機能を入口にして、若手に謙虚に教えを請うようにしましょう**。

最新のデジタルツールについて、若い人に教えを請うことは恥ではありません。逆に、進んで教えを請うほうが、相手も本腰を入れて説明してくれますし、周囲の応援も得やす

いと思います。プライドは不要です。

シニアがパソコンやスマホを使いこなす早道は毎日興味を持って積極的に使うことです。定年後、地域のコミュニティセンターや公民館などで開かれたパソコン初級講座を受講して得るものがあったら、今度はぜひ本格的な専門講座を受けてみましょう。そこには、びっくりするほどたくさんの発見や刺激があります。

資格試験の対策講座や専門知識などを習得するセミナーをＷｅｂで検索し、興味がある講座を見つけて、資格や技術などの取得を目指して勉強してみましょう。入会金や受講料が必要になりますが、それは今後の人生に必要な投資と捉えてください。

ここで、77歳だった筆者が受講した出版に関するセミナーについてお話しします。お伝えする中に、参考になるヒントがあれば幸いです。

セミナーを受講するため、２０２２年の5月から8月の間に4回上京し、前後泊したため延べ16日間滞在しました。受講前の説明会はＺＯＯＭで行われました。それまで、ＺＯＯＭなど利用したことがない私は、職場の若い人にその登録方法を教えてもらい、さらにＺＯＯＭの操作解説をＷｅｂページで読んで説明会に臨みました。初めてのＺＯＯＭはおつかなびっくりで勇気が必要でしたが、やってみると思っていたよりも簡単でした。それも自信となり、受講することを決めました。

筆者の年齢を心配して、申し込み後に事務局から、「パソコンは大丈夫ですか？　パワーポイントは使えますか？　受講はかなりハードですが体力は大丈夫ですか？」との問い合わせがありました。もちろん、筆者はいずれにおいても問題がないことを伝えました。

セミナーは宿題も出て、たしかにハードワークでした。18人の受講生がグループワークをしながらお互いに助け合い、足りないところを補い合うことで、各自のレポートの密度を高めていくことができました。受講者の年齢構成は、当時77歳の筆者、次は66歳の男性、あとは60代と50代および若手が数人でした。学歴や職歴もまちまちなメンバーが、お互いのプロフィールづくりに知恵を出し合うという教程もありました。この教程は筆者にとってはハードルが高いものでしたが、主催者の配慮で筆者とペアを組んだのは30代の若手で、プログラムの経験もある元SE（システム・エンジニア）。彼にいろいろと教えてもらったおかげで、一晩かけてなんとかプロフィールを仕上げることができました。

以上のようにこのセミナーでは、田舎では自分のペースで使っていたデジタルツールの活用にスピードを求められました。それを若い人の力を借りながらクリアし、課題をこなすことができました。一方で筆者からは、シニアとしての知見を若い人に披露して受け止めてもらい、レポートの内容に厚みをもたせる一助になったかと思います。

生涯現役を続けている77歳だった筆者がチャレンジしたことを率直にお伝えすることで、何かを感じてもらえるとうれしい限りです。このセミナーで出版に関する知識や人脈を得て、その延長線に本書の刊行があります。だれにとっても人生は一度きりです。有終の美になるかどうかは分かりませんが、生涯現役を全うするための道筋を模索するのは悪くないと思っています。田舎にはない大きな宝に巡り会えました。

第6章 まとめ

1 新しい環境で立ちはだかる言葉の壁を乗り越える
2 チャンスは意外な方向からやってくる。目の前の課題解決に全力を注げ
3 部下との15分のカウンセリング（面談）を実行する
4 傍流の仕事でこそ得難い経験が手に入り、その後の強みになる
5 下働きの職場でこそ、鍋の底を磨くように前向きに取り組む
6 シニアはアンチエイジングでなく「ウェルエイジング」で
7 人は実直な行動力を評価する。本質を見抜く力を身につけよう
8 目的を見つけて、講座に通って専門知識を学ぶ

第7章

「抜本塞源」で
現状を打開する

目の前の課題に集中することで、
70歳以降も実力を磨き続ける

「抜本塞源《ばっぽんそくげん》」とは、物事の根本にある原因を取り除いて、弊害を大元《おおもと》からなくすこと。災いの根を除くこと。“抜本”は「木を根本から引き抜く」、“塞源”は「水源を塞ぐ」の意。

① 一つの課題に集中するために、仕事に優先順位をつける

対象 50代

「抜本塞源」とは、問題解決を図る際に「ことの本質」を見極めて、ここという急所をふさぐことで打開しようという考え方です。いっていることは非常にシンプルで単刀直入です。

我々の行動を振り返ってみると、あちらを伺い、こちらにおもねる、というように落ち着きがなくキョロキョロして、当たらずといえども遠からず的な解決策を探していることが多いようです。

仕事だけではないのですが、物事を処理しようとする場合の要点は、一つの課題に全力を挙げて向き合うことです。この大事な要点である「一つに絞る」ことを忘れて、あれもこれもと同時に関わるために身の丈を超えてしまい、収拾がつかずに身動きがとれなくなってしまうのです。やはり、**優先順位をつけて最重要項目となる仕事から取り組むこと**が肝要です。

年　月　日（　）

やらなければならない仕事	売上高 大5→小1	利益貢献 大5→小1	リスク 小5→大1	社会貢献 大5→小1	経営理念に沿う 大5→小1	合計点
1. ●●●						
2. ●●●						
3. ●●●						
4. ●●●						
5. ●●●						
6. ●●●						

表　仕事の優先順位を決める

左記は、優先順位を決める方法の一例です。①売上高、②利益貢献、③リスク、④社会貢献、⑤自社の経営理念に沿う——という項目を挙げて5点満点で採点し、点数の多いものが最重要になるというように考えます。

組織において何にもまして優先されるのは社長の意思決定ですが、何から何まで社長にお伺いを立てていては、社員は伝書鳩の仕事しかできません。やはり、自分の意思と感覚で優先順位を決める必要があるのです。前述した①から⑤の項目の採点を一つの試行例としてやってみてください。

表のような一覧表を作成して点数をつけます。これを3カ月ほど続けてみると、自分の意思決定の傾向が分かり、以後の点数の付け方が工夫

第7章

できるようになります。

本書の読者には、「こんな表をわざわざつける必要はない。いつも頭の中で考えている、それで十分だ」と思われる方が多いかもしれません。

この表は、あなたと一緒に仕事をする若手または同僚と共有することで実効性が高まります。あなたと若手がこの一覧表に基づいた情報共有をしておくことが大事なのです。経験を積んだ者が仕事における考え方をつい面倒くさくなって端折ると、そのツケはあとで回ってきます。「準備8割、実行2割」の教えのとおり、仕事の優先順位の基準について若手と共有しておきましょう。

若手が自分の仕事における優先順位を理解していれば、仮に役員クラスの人から異なる指示があったときでも、自分が現在どういう状態にあるかを説明できます。何が大事な仕事なのかを理解できるようになるため、考え方の基礎が一つできたことになり、本人の自信にもつながります。

② 改善点を解決することの積み重ねが「業務改革」にたどり着く

対象 50代

「業務改善」と「業務改革」を成し遂げるポイントは、「抜本塞源」の考えです。しかし「業務改善」と「業務改革」は全く別物です。

「業務改善」とは、日々の業務を見直し（時にはPDCAを用いながら）、コツコツと地道に改善していくことですが、「業務改革」とは、仕事の仕組みを再構築するなどして飛躍的に生産性を上げることを指します。

ここで「業務改善」のエピソードをご紹介します。小売業の一つであるチェーンストア（食品関連の量販店）では、売価、粗利益率、人員構成やチラシなどは本部が決定しますが、店舗ではこれらを「人・モノ・金・情報」で捉えると、業務改善は多岐にわたります。

代表的な例が「売価訂正（値引き）を少なくする」あるいは「廃棄ロスを減らす」です。

粗利益の確保やフードロス対策として大事であり、重要な作業です。そのためには天候、地域行事などと来店客数の関連のデータを蓄積するとか、あるいはチラシの中身と来店客数の関連をチェックするなど、日々の地道な努力の積み重ねが大切になります。

また、パートさん・アルバイトさんの採用と人員配置にも神経を使います。店長の仕事は、業務改善の面で捉えても細々した作業があり、事務所と店舗、検収（荷物の受け渡し場所）、ストックヤード（商品の一時保管場所）を行ったり来たりするので、なかなか気が抜けません。

このような日々の細かな仕事の積み重ねが、売上高や粗利益高の確保につながる業務改善において必要です。業務改善の先に業務改革の入り口が見えてくることがあります。

なお、今の仕事柄、工場を見ることが時々ありますが、各職場において工数削減やコスト削減といった、いろいろな工夫をして成果を上げているのを目の当たりにします。よくある改善として、一つの作業の「段取りを変える」あるいは「新しい治具を作って対応する」などにより、1分30秒かかっていた作業が1分以内に短縮できた、というものです。この工場では、成果を写真入りで説明されているのでアイデアの良さがよく理解できます。

そのほか、部材の仕入先への細かな気配りと配慮が、円滑な作業のための潤滑油として大事であることも理解できました。

このように日々努力を積み重ねた結果「業務改善」があり、その先に「業務改革」があります。ただし、初めから改革に手をつけてはいけません。大きな手術の前にやるべきことが必ずあるからです。多くの企業では、トップダウンで「改革」が行われることが多く、その判断が顧客ニーズや現場の実態とズレて失敗に終わるケースがあります。

「やるべきこと」の積み重ねが重要なのです。

職場の改善案を社員に求めたら、10程度はすぐに集まります。しかしそれを超える改善案を集めるとなるとかなり大変です。改善すべき事柄が多すぎ、それらをすべて頭の中で考えようとして収拾がつかず、10以上出てこないことが多いようです。

ここで、「業務改善」と「業務改革」の違いを、実際のビジネスシーンにおいて考えてみたいと思います。業績が落ち込んだスーパーの支店の立て直しに筆者が参加したときの話を例にしましょう。

①業務改善のスタート

最初に、さまざまなアイデアの中で、加工食品部門の係長が100円均一大会をやりたいとの提案がありました。

みんなで話し合い、この案を採用することにしました。そしてこの催しは、店の利益を優先するのではなく「お客様に喜んでもらえる商品づくり」をテーマにしました。テーマ設定が明確だったので、各食品部門とも放っておいても商品作りが進みました。PDCAもスムーズに回り、次回の施策も打てば響くように返ってきました。

通常であれば、提案者の係長が仕入れた商品をワゴンに陳列し、商品登録した後にお客様に買ってもらうだけ――の催しです。業務改善における各部門の目標金額が達成されれば、めでたく終了になります。しかし今回は、次（業務改善の深掘り）がありました。

②業務改善の深掘り

食品部門の企画に呼応して、衣料雑貨の部門も新たに100円の商品をそろえてくれました。3000枚のチラシを配布し、ポスティングも行いました。

1回目で食品部門が作った百均商品は120アイテムという小規模なものでした。衣料品もがんばって20アイテムほどを作って並べました。それでも、当日の開店前にお客様が並びはじめて、開店と同時にお客様が入場してくれるという久しぶりの光景を目の当たりにして従業員全員が喜びました。

この小型店での仕事はまだ続きがあります。食品の担当社員とパートさんは、100円均一大会が好評なおかげで店の月間売上目標を達成したことが励みになり、回を追うごとに百均商品が増えました。3回目からは食品250、衣料50アイテムとなり、なくてはならない名物イベントになったのです。この催しだけで、店の年間売上目標を余裕で達成してしまうというほど勢いが出ました。

③業務改革の始まり

その後、本部で改装計画が持ち上がり、店舗からも改装案を出すように言われました。店員に伝えると、みな異口同音に「100円ショップがいい」あるいは「大手100円ショップA社を誘致すべき」という答えが返ってきました。

本部はその案を基に交渉し、A社から前向きな返答を得て、最終的に商品を供給してもらう運びになりました。3階建ての店舗の3階に入ってもらい、リニューアルオープンしました。
まず、お客様は3階の100円ショップへ行ってから各階に降りてくるという、シャワー効果が発揮されました。相乗効果により、今まで売れていなかった育毛剤などの高額商品まで売れるという久しぶりの大盛況でした。

④業務改革の効果

以前の年間売上高は9億円に落ちていましたが、この改装で10億円を超えるまでに回復し、黒字となりました。ここまで来て初めて、「業務改革」が成功したといえます。

以上は、小さなことの積み上げが基礎になり、業務改革につながったという実例です。その小さなことの積み上げの根底に、「誰のためにするのか」「どうやったら喜んでくれるのか」というごく当たり前の問いかけがありました。それを全員で共有し、回を重ねるごとに行動が修正されて積み上げることで、効果がはっきりと表れました。

改善をおろそかにせず、地道にコツコツと倦まず弛まず慎ましく続けてやりきる覚悟で進めると、それがあるときから業務改革に変貌します。初めから大きな利益を求めようとせず、お客様が求めていることを提供する。この基本をふまえることが、大きな改革につながります。

③ 組織における「部分最適」を「全体最適」にするために

対象 50代

「部分最適・全体不適」とは、特定の部署や部門では最適な改善策といえても、全体の中に落とし込むと、それが足を引っ張ってしまうということを指します。

この言葉は製造業でよく使われるのですが、私はこの概念は小売やサービス業でも通用すると考えています。その理由を信用金庫での事例によって次に紹介します。

信用金庫では、階層別教育が集合研修として実施されます。技術面のスキルアップ（端末研修など）についての集合研修は、本人に帰属する能力向上のために役に立つものと捉えています。この種の能力向上は現場に反映されやすく喜ばれるケースが多いので、「部分最適、全体最適」になります。

一方で、「職場改善」とか「コミュニケーションの向上」などの課題についての階層別集合教育は、研修時には理解されます。しかし、職場に帰って学んだことを実施しようとしても賛同してくれる人が少ない場合もあります。また、上司もオールマイティの方ばかりではないので、業務多忙のため援助してもらえず、職場でのフォローもないため、尻すぼみになってしまいがちです。これは「部分最適、全体不適」となります。

そこで私は、学びが「全体最適」になるように人事部に提案しました。

提案の軸になるのは、支店内で全員参加の勉強会を開くということです（写真1）。テラー（窓口担当）から支店長まで全員が参加し、レジュメは支店長が作成したテキスト（216ページ参照）を使い、各自の仕事内容を共有することでお互いをリスペクトするようにしました。その結果、コミュニケーション能力の向上に結びつく、という内容です。店内で勉強することがすべてですので、**全員で共有できるというメリット、すなわち「全体最適**」になります。

全員参加の勉強会ですから、一人の課題が全員に認識されるため、落ちこぼれが防げます。「一人はみんなのために、みんなは一人のために」が実践されるのです。

写真１　全員参加の勉強会

第7章

特徴としては、

①「勉強会」のテキストは、責任者である支店長の「支店運営方針および期待される職員像」と「支店の今年度の数値目標」をA4用紙2枚にまとめたものにする。

②「勉強会」の期間は6カ月、時間は1回45分、回数は5~7回、各回のカリキュラム等を詰め、実施する店舗を決める（各店忙しい中での開催のため、1回の時間は45分に設定しました）。

勉強会を開くと、その後のコミュニケーションが密になる↓報連相がスムーズになる↓仕事にスピードが付き、やりがいが増す↓お客様への提案が増える↓お客様に喜ばれる、という好循環が生まれます。「全体最適」の一つの事例として参考にしていただけると幸いです。

第７章 まとめ

1 一つの課題に集中するために、仕事に優先順位をつける

2 改善の積み重ねが「業務改革」にたどり着く

3 組織における「部分最適」を「全体最適」にする施策

第8章

DNAに刻まれている営みを元にした「致良知」

心の中の聖人と向き合い、悔いのない決断を重ね、人生を動かす

「良知《りょうち》（聖人が住む自分の心）」は是非善悪を知る能力、「致す」はある時点まで達することを意味する。私欲によって心を曇らせず、良いと思うことを問いかけて実践し、間違えば改める。これを繰り返すと、心は高みに上がり、人間力が向上する。心の外に答えを求めるのではなく、自分の心への問いを極めれば良い決断が得られる、と解釈する。

① 人間のDNAには壮大な環境変化の営みが刻まれている

地球が誕生したのが46億年前、人類の祖先が出現したのが600万～500万年前といわれています。さかのぼって、人類の祖先のその前の歴史（霊長類の出現など）があるわけですが、人間のDNAにはそれも含めた天変地異の壮大な環境変化を乗り越えてきた営みが刻まれていると思われます（図14）。

DNAの存在を考えたとき、宇宙をつかさどる「天人」あるいは「天地創造主」がいるとすれば、それは人の心（良知）の中に、良いことも悪いこともすべて知り尽くしている「聖なる人」すなわち「聖人」を送り込んでいるという王陽明が説く話も素直に理解できます。

聖人は、問われても答えることはありません。問いかけた本人が、自分の習慣として潜在化しているものおよび知見を総動員して、当たらずといえども遠からずというかたちで「それらしい」答えを思い付きます。あるいは、本人の知見を超えた（人知を超えた）思いつきが誰からも見えるかたちとして得られるかもしれません。それを、「聖人に教えても

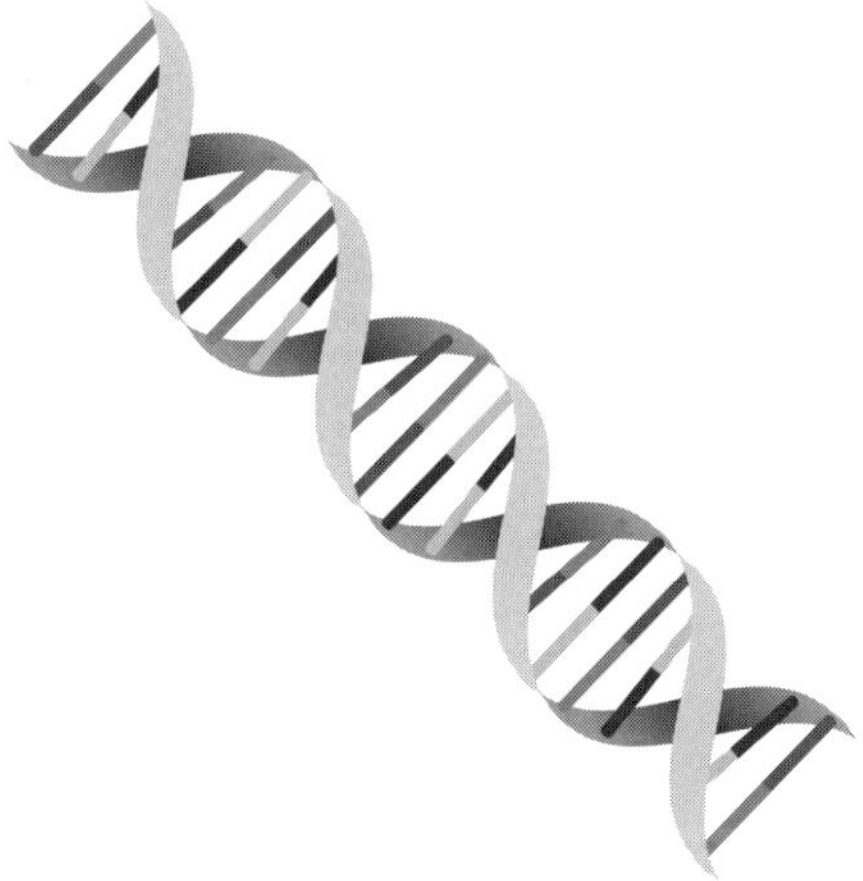

図14　人間のDNAには壮大な環境変化における営みが刻まれている

らった」あるいは「神の啓示」として受け止めましょう。

一つひとつの事案に気力・智力・胆力を総動員し、「聖人」とやり取りをして気づいた答えがあります。それを即実行して喜んでもらい、さらに積み重ねていく「人事を尽くす」を実行するサイクルを回しましょう。自分の力の8割以上を動員するのが理想ですが、5、6割でやっていれば上等だと思います。

だれしも、課題に直面したときには、経験してきたことを活用して課題解決に全力を尽くすと思います。そのときの状況にもよりますが、普通はできるだけのことをしたらそれでよし、となるでしょう。「できるだけのこと」という状態は、おそらく知見の２、３割を使えば出てくる程度の解決案です。無意識のうちに、それでお茶を濁す感じです。

お茶を濁すだけでは、「人事を尽くして天命を待つ」にたどりつけません。まだまだ先の長い話です。次節で、この点についてさらに考えます。

② 外部に答えを求めず、自分の心に問いかければ正解は見つかる

あなたの心の中には聖人が住んでいるのですから、わざわざ外部に答えを求める必要はありません。**自分の心に問いかければ、正解は必ず見つかります**。問いかけるときの前提は、

・自分の好き嫌いを排除する
・まわりの誰かに忖度しない
・ビジネスにおいて、真のお客様は誰かを見つけておくこと

です。

人事を尽くすということについては、主観的ですが知見の3、4割を動員した例はいくらでもあります。地産地消の店の開店準備のお手伝いをしたときには、筆者は経験の6、7割以上を活用しました。その事例についてお話しします。

郊外のショッピングセンターの中に、地元の有志の方が道の駅に似た地産地消ショップを開設するので手伝ってほしいという要望が勤め先に届きました。そこで、スーパー出身の筆者に白羽の矢が当たり、10カ月間出向状態になったときのことです。

当時の筆者は信用金庫に所属し、取引先の企業の経営課題の解決に東奔西走していました。

地産地消ショップを開設するという目標だけが決まっており、開設のための事務所を立ち上げたばかりの状態からの参加でした。コンサルタントの方も一緒になって検討会を開き、事業の骨子を練り、店舗の図面を起こしました。

出店する予定の大型ショッピングセンターは、筆者の前職の企業が全部を借り上げて運営していたので、交渉相手は、偉くなっている以前一緒に仕事をしていた人でした。そのため、家賃などの条件をずいぶん斟酌《しんしゃく》してもらい、たいへん助かりました。また借入金は事業計画が固まった段階で、社長と支店長が膝を突き合わせて細部を詰めてくれました。

他人を頼れない短期決戦において成果を求められたとき、自分の心とのやり取りをすると、自分の知見をフル動員するので頭がギシギシ鳴る感じがしました。また人に頼らない仕事は、相当なプレッシャーがかかります。自分の気力・体力を考えながら事にあたるのは言うまでもありませんでした。

③ 人間力を高めるには自分の心を広く持ち、家族第一と心得る

自分の心を広くしておくためには、こだわりを持たないことです。ここで、こだわってはいけない・やってはいけないこと5題についてお話しします。

(1) 好き嫌い

ビジネスの現場における目的は「顧客の創造」であり、そのお客様（顧客）がリピーターとなってくれるようなサービスを提供することで、拡大再生産に寄与できます。お客様がリピーターとなり、新たな顧客開拓ができるサービス。それはすなわちお客様の要望に

応えることであり、喜びを感じてもらえるサービスの提供に専念する以外にありません。

自分の好き嫌いは除いて、リピーター客を増やすために何をしたらいいのかを常に考えることも大事です。何度も言いますが、好き嫌いがあると公正な判断ができません。

ゆえに、「自分の好き嫌い」のこだわりを真っ先に排除してください。それだけであなたのビジネスパーソンとしての人生は好転します。

(2) 成功体験

ビジネス現場での成功は一瞬の出来事です。それは、タイミングよく出会いが積み重なっただけです。その一瞬を再現することは、求めてもできるものではありません。にもかかわらず、成功した人の中には「自分ならもう一度できる」と考えて、「できる空想」に固執してしまう、すなわちこだわってしまうことが多いようです。

現在の状況は、成功したときの状況と違うにもかかわらず、自分を中心にして回したら間違いなく成功すると思い込んで取り組みますが、場所が違い、取り組むメンバーが違い、お客様が違えば、同じ結果になることはまずありません。それらの状況を認識しようとしないため、失敗してしまいます。

成功体験はそのときだけのものなので、過去の出来事として忘れることです。いつまでも引きずっていると、変化への新たな対応や発想の転換ができません。「日に新たなり、また日に新たなり」という柔軟な切り口を探求しましょう。

(3) これくらいでいい

これも成功体験と同じようなものですが、初めて取り組んだときには全知全能を傾ける意気込みで力いっぱいやります。その結果、うまくいきます。2回目も初回と同じようなつもりで取り組みます。そして3回目も……と続けるうちに普通の人はだんだん「これくらいでいいか」と緩くなり、最後は初回とは似て非なるものになりがちです。

それを戒める格言として「初志貫徹」「初心忘るべからず」があります。常にこの心を持って気力・智力・胆力を総動員し、人事を尽くすことを続けましょう。

(4) やり過ぎること

やった（決めた）後で、「病むほど気を回しすぎ、手を入れすぎ（やりすぎ）、思い入れ過ぎ」という「過ぎる」ことは避けましょう。過ぎると平常心を失うため、正常な判断ができなくなります。思い入れが過ぎるのはよくありません。

⑸ 自己中心主義

自己中心主義は、自分にとってはとても快適ですが、当然、他人の入る隙間はありません。つまり、他人は近寄ってきませんので、情報も入ってこないということです。

筆者自身、自己中心主義に陥っていた時期があり、次のような経験をしました。

ある部門の担当課長として、業績を上げるべく予算より高めの目標を立て、部下にもその達成を求めて日々取り組んでいました。月末になると、自分は予算を達成しているため、部下の数字をチェックして、目標額に達していない場合は、どうなっているか？ と詰問することもありました。

そのうち部下からの報告が来なくなり、自分ひとりががむしゃらに動いている状態に気が付いて落ち込み、上司に相談しました。

上司曰く、「いつ相談に来るのかと待っていたよ。仕事は一人でするものではない、チームでするものだ。メンバーを大事にしない課長についてくる人は誰もいない。そこを反省して、部下の相談相手になろう。部下の成績が上がれば、自分の成績は放っておいても

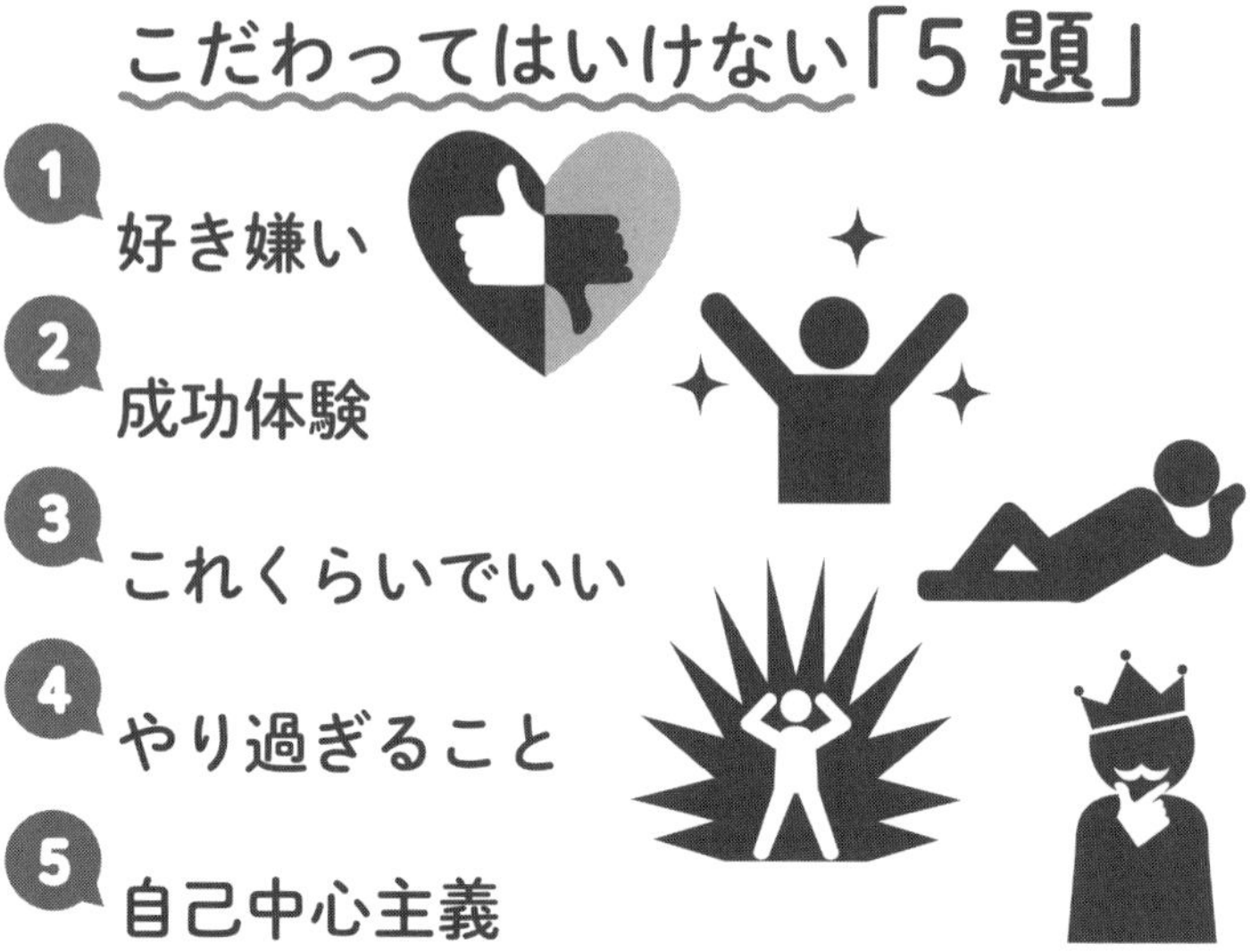
こだわってはいけない「5題」
1 好き嫌い
2 成功体験
3 これくらいでいい
4 やり過ぎること
5 自己中心主義

図15　こだわりを持たず、心の平安を保つ

ついてくる。まずしなければいけないのは、**自分が変わるということを部下の前で宣言すること**」とのアドバイスをもらいました。翌日、部下の前で宣言し、詰問したことを謝りました。

このアドバイスのお陰で筆者は立ち直ることができました。自分中心でなくなったところ、気が楽になり、いろいろなことに気づくようになりました。それと同時に人の輪がどんどん広がっていき、今日につながっています（図15）。

こだわりを捨てれば仕事以外の場

面でもいいことが起きます。心が穏やかになり、穏やかになれば思いは家族にも至り、いつしか家族は安定し収まります。家庭が無事で、健やかに過ごせることが心のより所です。それが中庸（過ぎることがない）を保つ秘訣です。

心の平安も正しい意思決定の推進力であり、組織に安定をもたらします。家庭の安寧《あんねい》を第一にする理由はここにあるのです。

④ 常に今に向き合い、自分の残り時間を考える

人生100年と言われている今日、78歳の我が身において、生涯現役としてあと何年お役に立てるか、何をするのがベターなのか、と思いをめぐらせる毎日です。常に今に向き合い、自分の残り時間を考え、悔いのないようにしようと思っています。

これまで自分がやってきたことを総括すると、ある方向性が見えてきました。

それはなんといっても、50歳で出合った陽明学の教えに学ぶことです。非常にインパクトがありました。出合わなかったらどうなっていたかわかりませんが、巡り合ったからこ

写真２　筆者が関わったワークショップの風景

そ、生涯現役という思いが実現できたと言い切れます。

そして、日々〝人事を尽くしてやり切る力〟を高めるためには、「人間力を高める」必要があるのは間違いのないことです。

どうしたら人間力を高めることができるのか？　この一点に集中して、皆さんがそれぞれのやり方で取り組んでいくことが必要だと考えています。

人間力を高めるために私が提案できるのは、陽明学の教えを人生に取り入れるということです。たくさんある教えの中からまず〝善事即行、即時改善〟を実践することから始めると教えが身につきやすく、有益な人材に育つことになると確信しています。

現在、ご縁をいただいて関わっている福祉機器製造販売会社では、各部門のＰＤＣＡチェック、若手のカウンセリング、課題解決の手伝いなど、今まで培ってきた知見を出し切ってお手伝いし、自分で言うのも変ですが、生き生きと活動させてもらっています。

そんな中、前職の新入庫職員の研修を、以前と同じテーマでやってくださいという依頼があり、久しぶりに研修所を訪れて1コマ3時間を受け持ちました（写真2）。

本書でご紹介した内容をベースにした、「仕事とは？」「コミュニケーション・リスペクト」などを題材にした長時間の講座でしたが、若い人のワークショップは活気に満ちて盛会でした。

⑤ 15分の静座は聖人を呼び起こし、心を磨くことにつながる

人は四六時中物事の処理に追われていると、心が揺れ動いて定まる時がなく、定まる時がなければ正常な判断など望むべくもありません。心定まりて初めて治まります。心を定

めるため1日15分の静座をおすすめします。

なぜ15分かというと、はじめの5分は雑念を取り除くために使い、あとの10分は気ままに自問自答を楽しんでください。時間の計測は厳密ではなく、おおよそで結構です。

毎日の静座が習慣になるまで、決まったルーティンで座ってください（座り方は自由）。

折に触れ、聖人とやり取りしている人は、静座で気の向くままの時間を過ごしてください。

⑥ 相手の目を見て、しっかりと伝える

ビジネスにおけるやり取りの基本中の基本は、「相手の目を見て、しっかりと伝える」ことです。

コミュニケーションをとるためというだけではなく、包み込むような柔和なまなざしを持つ。これがビジネスセンス、ひいては人間力の粋《すい》につながるのです。

昔から、「目は口ほどにものを言い」と言います。怒った目つき、悲しい目つき、困った目つき、楽しい目つき、そして「相手を受け入れ、リスペクト（respect＝尊重、信頼、あ

りのままの相手に敬意を持つ）している」目つきなど、いろいろありますが、ビジネス現場では基本的には、「相手を受け入れる、リスペクトしている」眼差しを最上とします。

ビジネス現場では難しい交渉事も多々ありますが、そういう場合でも努めて相手を受け入れ、リスペクトしている眼差しで接するようにすると、ハードランディングでなく軟着陸できる可能性も大いに出てくるはずです。

そのためには初めから肩肘を張ったこだわりを排除して、素直な心で相手に向き合いましょう！

第8章 まとめ

1 人間のＤＮＡには壮大な環境変化の営みが刻まれている

2 外部に答えを求めず、自分の心に問いかければ正解は見つかる

3 人間力を高めるには自分の心を広く持ち、家族第一と心得る

4 常に今に向き合い、自分の残り時間を考える

5 15分の静座は聖人を呼び起こし、心を磨くことにつながる

6 ビジネスの基本は、相手の目を見て、しっかりと伝えること

おわりに

本書は、人間力があれば、家庭でも職場でも良い人間関係を築き、生涯現役で働き続けられる、という人間力の向上をテーマにして書き進めました。

本書を読み終えたら、ぜひ実際の行動に移ってください。まずは自分が取り組みたい項目を2つ決めて、表題を「私が取り組む項目」としてA4サイズ程度の紙に書き込みます。

次に、自分の取り組みたいことを具体的に箇条書きにしていきます（例：「1．求められる成果の120％を達成する　2．中小企業診断士資格を55歳までに取得する」など）。

その次に、第1章4節の『「人間力」は総合力』でご紹介した13の考え方の中から直感で2つ選択したものを書きます。その紙はトイレやデスクマットの下などいつも目に付くところに貼り、目にするたびに念仏を唱えるように声に出して唱えてください。すると、自分の思いがいつの間にか現実に近づくようになります。

大事なことは、書いた2項目のうちの一つを毎日1回は実践することです。

　実践したら、スマホやパソコン、紙など自分が使いやすいメモに、①いつ、②誰に、③どんなことをした、④結果がどうだったか――を書き込んでください。書き込まれたものがすなわち、あなたの人間力を鍛えるためのプロセスの全てです。
　この「実践記録簿」は大切に保管してください。60歳を超えて転職のために履歴書や職務経歴書を提出するとき、この実践記録簿を添付して「こんなことをしてきました」と伝えてください。先方は驚くと共に、あなたの人となりを見直して評価に加点されると思います。

地元愛媛のスーパーに28年勤めた私の60歳からのセカンドライフは、地元の信用金庫勤務です。在籍中は毎日陽明学の教えを心がけ、実践していました。退職日には同僚や関係のある方からたくさんのお花をいただきました。たいがいは所属部署から贈られる花束だけですが、陽明学の教えの賜物でしょうか、この花束の多さに自分でも、そして周りの人も驚いていました。

「はじめに」で述べたとおり、私は若いころ、自分が78歳まで働けるなどとは考えてもいませんでした。長年勤めた信用金庫を退職した後、さらに別の会社で働けるチャンスを得て、若い人に交じって現在も仕事を続けています。

28年前に出会った陽明学は、長年にわたり私の心の柱でした。それによる知見と経験を次代にお伝えするのが私の役目だと思い、本書を書き上げた次第です。

本書でお伝えしたいことは、難しい学問としてではなく、誰でもすぐ取りかかれる平易な教えとしての陽明学です。陽明学の教えの中から、初めて取り組む人向けに項目を選び、成果を得やすい取り組み方を実践的にまとめました。平易ですが人生や仕事において成果を得やすいため、陽明学の教えを実践することが楽しくなるはずです。今日からあなたも楽しみながら取り組み、喜び（成果）の輪を大きく広げましょう。

本書の執筆に当たり、合同フォレストの山崎絵里子さん、編集協力をしてくださった吉田孝之さんには大変お世話になりました。初心者マークの筆者に対し、こまごましたアドバイスをしていただけたので、なんとか原稿を書きあげることができました。本当にありがとうございました。この場を借りてお礼申し上げます。

令和5年7月

徳丸　登

著者プロフィール

徳丸　登（とくまる・のぼる）

中小企業診断士

CDA（キャリア・デベロップメント・アドバイザー）

「シン善事即行 即時改善教室」主宰

1945年愛媛県松山市生まれ。

1963年に丸善石油学院（全寮2年制）卒業、ガソリンスタンドで働きながら高校通信制課程3年生に編入し、3年掛けて卒業。工業数学セミナー主催および工業数学図書通信販売会社に転職し、私立大学短期大学部（夜間）を卒業。その後上京し、スイス系輸入商社に3年、商工会議所3年を経て、1976年に愛媛県にUターン。地元でチェーン展開するスーパーに28年間勤務。中小企業診断士の資格を生かして、テナント担当・店舗開発・店舗運営・スポーツ事業に従事。 2005年に定年退職後、信用金庫に入庫。2022年、77歳で退職するまで17年間、取引先の経営相談・改善・課題解決、ビジネスマッチング、創業セミナー講師のほか、金庫職員の人材育成セミナー、支店ごとのコミュニケーション能力向上勉強会、インターンシップ生向けの研修立案・実施などに従事した。2023年、78歳の現在は福祉機器製造販売会社の業務に相談役として関わり、月5～7日勤務中。

スーパーの店長をしていた50歳の時に安岡正篤先生の著書と出合ったのが、陽明学を知るきっかけとなった。それから28年、サラリーマンとして「善事即行　即時改善」をモットーに実践を積み重ねるとともに、2022年に「シン善事即行 即時改善教室」を立ち上げ、そのノウハウを研修や若手社員のキャリアカウンセリング、各部門のPDCAの確認など後進の育成に活用し、実施している。

企画協力　ネクストサービス株式会社　代表取締役　松尾昭仁
編集協力　吉田孝之
組　　版　GALLAP
装　　幀　吉崎広明（ベルソグラフィック）
図版・イラスト　春田　薫
校　　正　菊池朋子

50歳からの人生は陽明学で変わる
いくつになっても社会から求められる人になる13の教え

2023 年 8 月 29 日　第 1 刷発行

著　者　　徳丸　登
発行者　　松本　威
発　行　　合同フォレスト株式会社
郵便番号 184 - 0001
東京都小金井市関野町 1 - 6 -10
電話 042（401）2939　FAX 042（401）2931
振替 00170 - 4 - 324578
ホームページ　https://www.godo-forest.co.jp
発　売　　合同出版株式会社
郵便番号 184 - 0001
東京都小金井市関野町 1 - 6 -10
電話 042（401）2930　FAX 042（401）2931
印刷・製本　新灯印刷株式会社

ISBN 978-4-7726-6218-5　NDC 336　188 × 130